ESTUDOS RABISCOS Desenhos

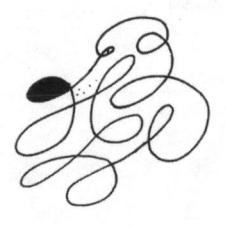

Kiko farkas

BbB
Bebel Books

Querida lectora, querido lector,

En este momento usted esta leyendo el segundo texto que escribo para este libro. En el primer texto, que nunca leerá, expresaba el orgullo de escribir para un diseñador y artista que admiro y con quien además tengo amistad. En ese texto distinguía algunas características entre los dibujos que están impresos acá: Los dibujos que son bocetos y procesos de trabajo, los dibujos que homenajean a varios maestros como Steinberg, Glaser, Folon, Topor y Quino. También los dibujos frutos del aburrimiento al estar en una reunión o sin atención en una llamada telefónica. También están los dibujos que simplemente Kiko quería hacer.

Pero usted no leerá ese texto. Cuando se lo envié, Kiko me dijo que le gustaría que escribiera sobre el "dibujo".

Este es el segundo texto:
A) El buen dibujante es aquel al que le gusta dibujar. B) El buen dibujante es aquel al que le gusta dibujar, independientemente de como queden sus dibujos. C) El buen dibujante es aquel al que le gusta dibujar, independientemente de como queden sus dibujos, pues dibujar es una acción. D) No hay que confundir al buen dibujante con el dibujante profesional. Normalmente el dibujante profesional es un buen dibujante, pero hay buenos dibujantes que no son profesionales. E) Los niños son grandes dibujantes pues están más concentrados en dibujar que en el dibujo. Dibujar es un proceso vital. Dibujar es un rastro. F) Cuando un niño deja de dibujar, el niño ha perdido un lenguaje, deja de hablar un idioma. G) Dibujar le sirve al niño para conocer el mundo y explicárselo. Lo mismo para quien dibuja adulto.) Un dibujo hecho, es un dibujo real, pues existe independientemente de lo que se quiera representar.
I) Dibujar es gratis.

Y bueno, pienso que Kiko no es un buen dibujante, sino un gran dibujante.

Alejandro Magallanes
Ciudad de México, marzo 2019

Dear reader,

Right now you are reading the second text that I have written for this book. In the first, which you will never read, I expressed the pride of writing for a designer and artist who I admire who also happens to be my friend. In that text I picked out some attributes among the drawings that are reproduced here: the drawings that are sketches and show the work process, the drawings that pay homage to various masters such as Steinberg, Glaser, Folon, Topor and Quino. Also drawings which are the fruits of being in a boring meeting or telephone doodles. There are also the drawings that Kiko simply wanted to make.

But you will not read that text. When I sent it, Kiko told me that he would like me to write about 'drawing'.

Here is the second text:
A) A good draughtsman is one who likes to draw. B) A good draughtsman is one who likes to draw, regardless of how his drawings turn out. C) A good draughtsman is one who likes to draw, regardless of how his drawings turn out, because drawing is an action. D) Do not confuse a good draughtsman with a professional draughtsman. Normally a professional draughtsman is a good draughtsman, but there are good draughtsman who are not professionals. E) Children are great draughtsmen because they are more concentrated in the process of drawing than in the drawing itself. Drawing is a vital process. Drawing is a trace.
F) When a child stops drawing, the child has lost a language.
G) Drawing helps a child to understand the world and helps them to explain it. The same applies for an adult who draws. (H) A completed drawing is a real drawing, because it exists independently of what it is meant to represent. I) Drawing is free.
Well, I think Kiko is not a good draughtsman, but a great draughtsman.

Alejandro Magallanes
Mexico City, March 2019

O desenho

Para mim, desenhar é como escrever, só que sem palavras.
Um desenho é como um solo de violão ou piano: essencial! Melodia
sobre o papel. Ali a alma está aparente. Desenhar nos ajuda a ver
(melhor) o mundo que nos cerca. Treina o olhar.
Gosto muito de todo tipo de desenho: solto, cego, preciso, reto, curvo
ou torto. A lápis, caneta, pincel e até mesmo com a tesoura. Gosto
de desenhar gente, letras e bichos. Gosto também de desenhos que
não são coisas, que são ideias. Como conversar sem desenhar?
Sem poder explicar com um traço que essa ideia se une àquela outra?
Os desenhos reproduzidos neste livro são muito importantes
para mim porque registram coisas que passaram pela minha cabeça.
São testemunhas daquilo que vivi. Foram companheiros de
angústias e descobertas. Cada desenho é um processo. Às vezes, o
aprendizado de determinado movimento ou expressão.
Outras, o gosto de criar algo impossível só pelo prazer de brincar de
mágico, porque o desenho tudo pode!
Desenho em qualquer lugar: na sala de espera, quando falo ao
telefone, em reuniões de trabalho. Por necessidade ou pura curiosidade,
busca sem objetivo, devaneios visuais produzidos apenas pelo
prazer de ver a caneta deixar seu rastro no papel. Alguns deles, depois
de muitos ensaios, vão parar em projetos de cartazes, capas
de livros ou identidades visuais.
Gosto muito de desenhar para crianças porque no universo infantil
posso criar seres e mundos fantásticos que só o traço pode
construir e animar.
O desenho pode ser projeto para construção das coisas do mundo
mas também pode inventar um universo intangível de imaginação,
desejo, fantasia.

Gostaria que todo mundo desenhasse.

Kiko

Drawing

Drawing, to me, is like writing, only with no words. A drawing
is like a guitar or piano solo: essential! Like a melody on paper,
where the soul becomes apparent. Drawing helps us to
view the world more clearly. To practice seeing.
I really like all kinds of drawing: loose, blind, precise, straight,
curved, or crooked. Pencil, pen, brush, and even drawing
with scissors. I like to draw people, letters and animals. I also like
drawings that are not things but ideas. How can one talk
without drawing? Without being able to explain, with a stroke, how
one idea connects to another?
The drawings reproduced in this book are very important to me
because they are records of things that have gone through my
mind. Witnesses of what I have lived. Companions in anguish and
in discovery. Each drawing is a process. Sometimes about learning
a certain movement or expression. Others for
the pleasure of creating something impossible, just for the joy of
playing the magician, because drawings can do anything!
I draw anywhere: in waiting rooms, while I talk on the phone, at
work meetings. Out of necessity or pure curiosity, aimless pursuits,
visual daydreams produced only for the pleasure of seeing
the pen leave its mark on paper. After many drafts, some of them
end up as poster designs, book covers or visual identities.
I really like to draw for children because in their realm I can devise
beings and fantastic worlds that only drawings can construct
and animate.
Drawings can be used as projects to build things both in the real
world and the intangible world of imagination, desire and fantasy.

I wish everyone drew.

Kiko

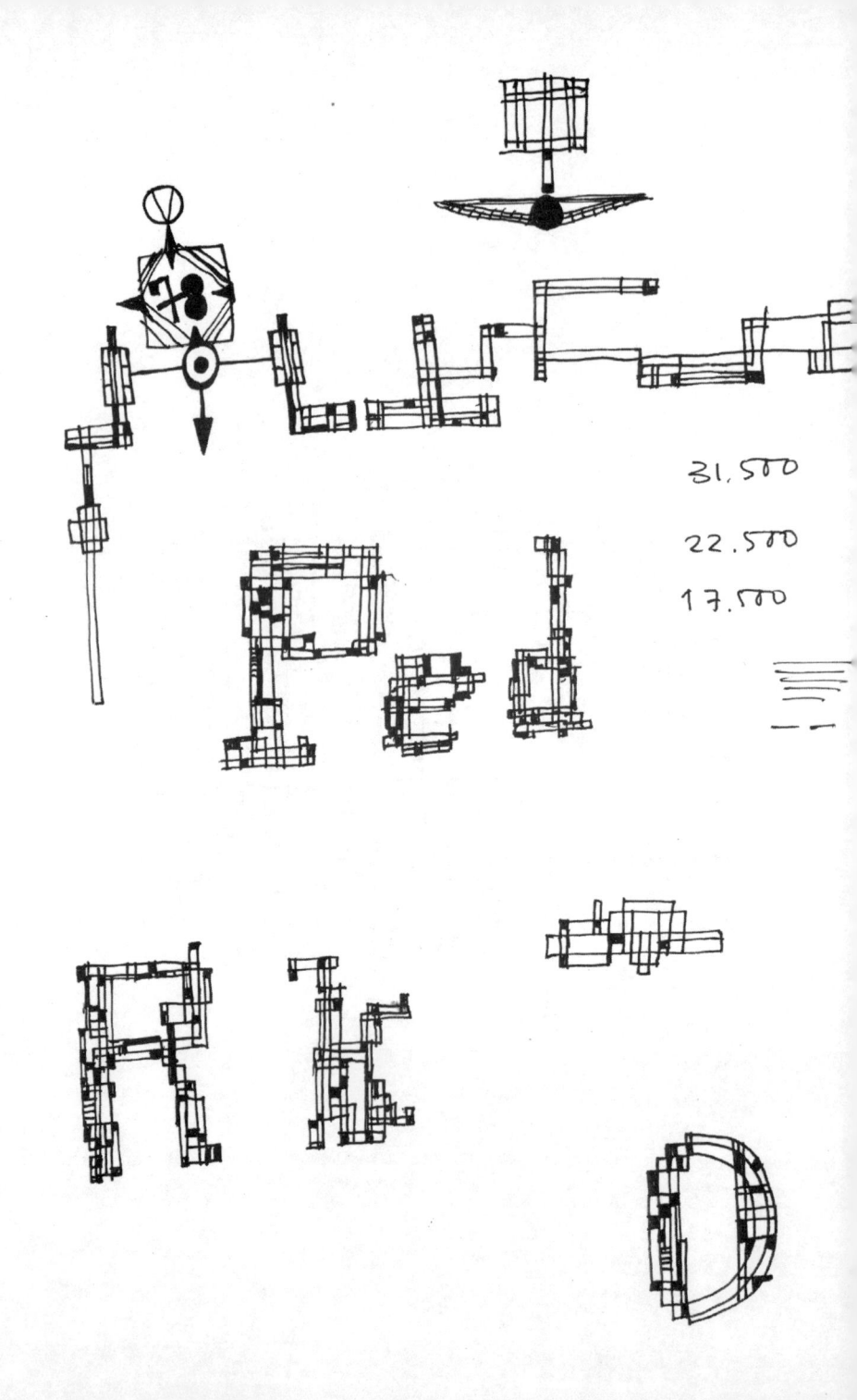

31.500

22.500

17.500

Consultas, informações e serviços transacionais, acesse itaupersonnalite.com.br ou ligue 3003 7377 (capitais e regiões metropolitanas) ou 0800 724 7377 (demais localidades), todos os dias, 24 horas por dia ou fale com seu gerente. Reclamações, cancelamentos e informações gerais, ligue para o SAC: 0800 722 7377, todos os dias, 24 horas por dia. Se não ficar satisfeito com a solução apresentada, de posse do protocolo, contate a Ouvidoria: 0800 570 0011, em dias úteis, das 9h às 18h. Deficiente auditivo/fala: 0800 722 1722, todos os dias, 24 horas por dia. Ou entre em contato agora mesmo através do Fale conosco, no site do Itaú.

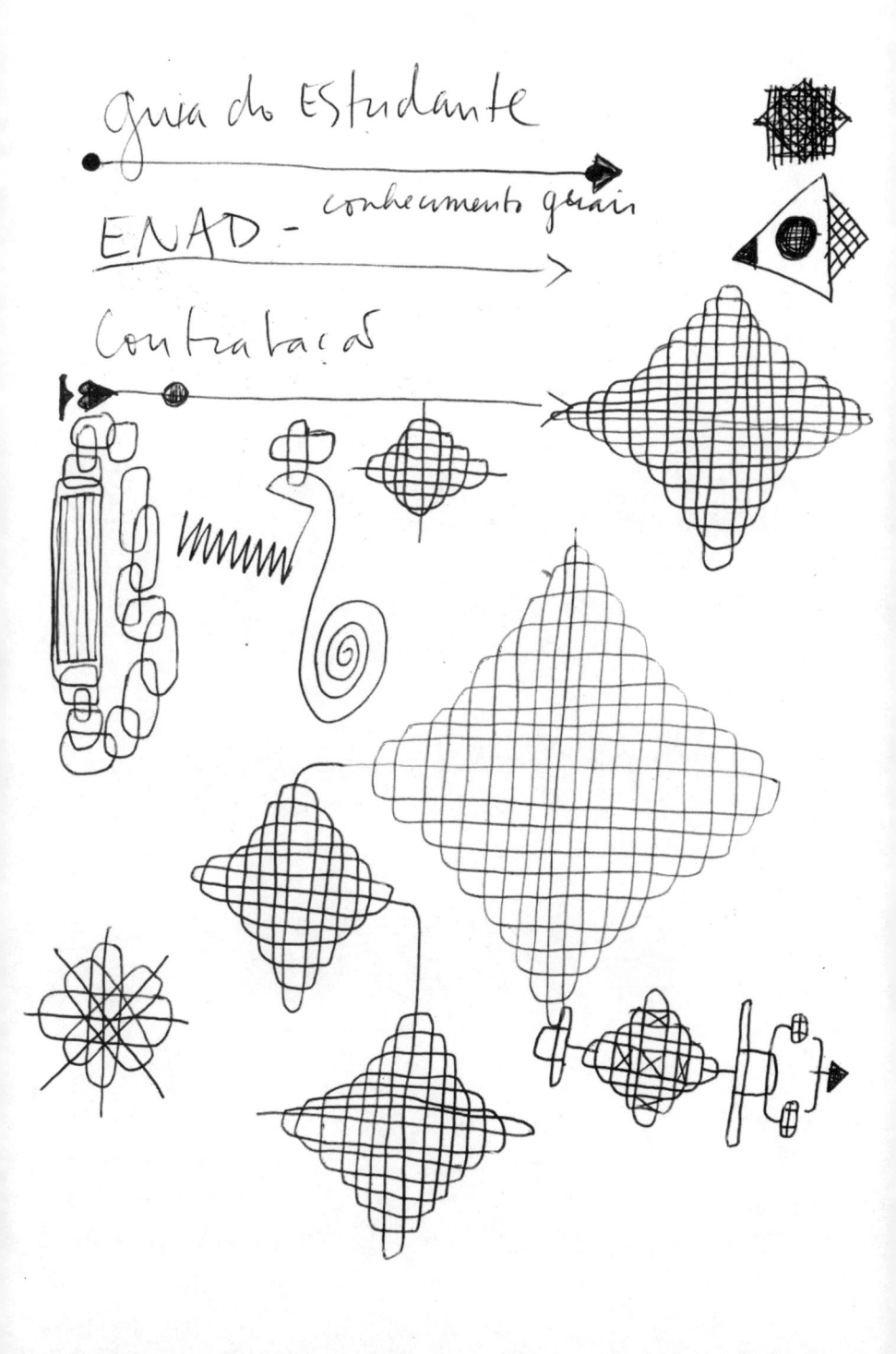

guia do Estudante

ENAD - conhecumento gerais

Contratacaõ

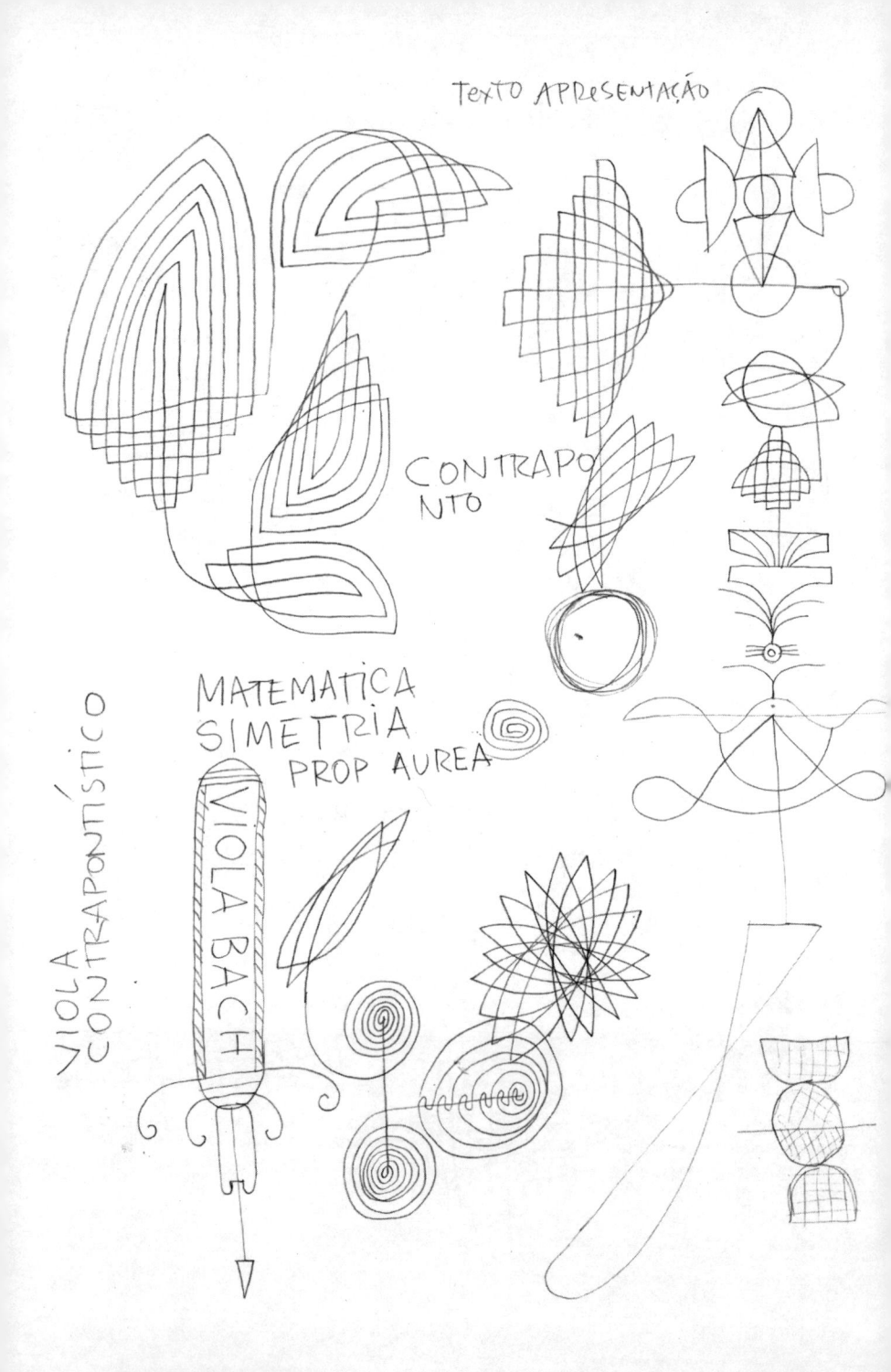

- Flores de / frutas
  Pomelas
  utensílios
  etc

- Geometria | Faixas → INSPIRAR
  "Vasarely" | ou das

CEBOLAS

SALSICHAS

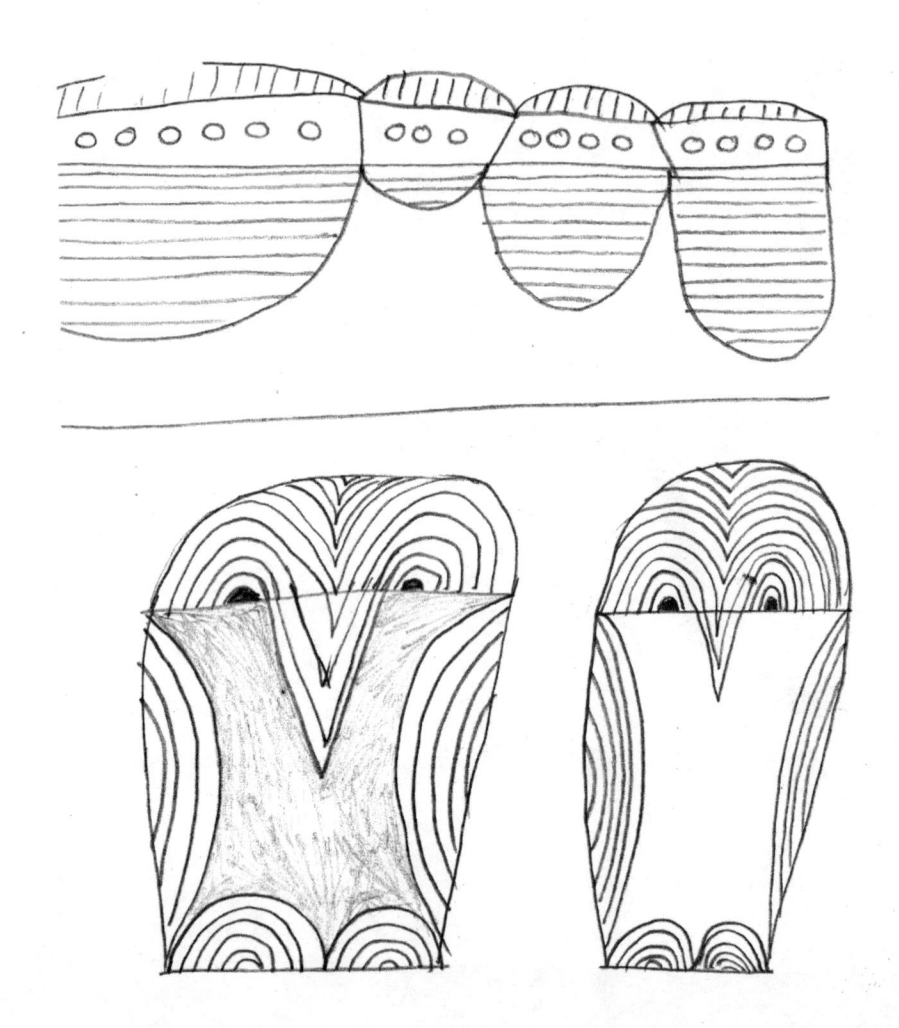

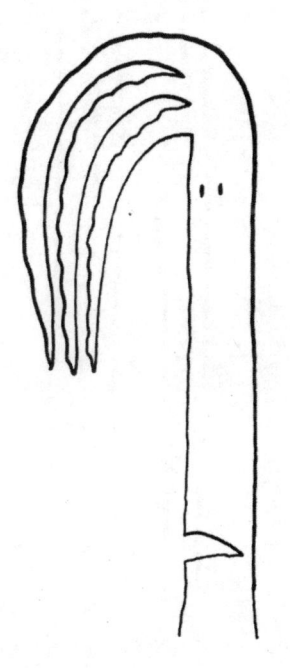

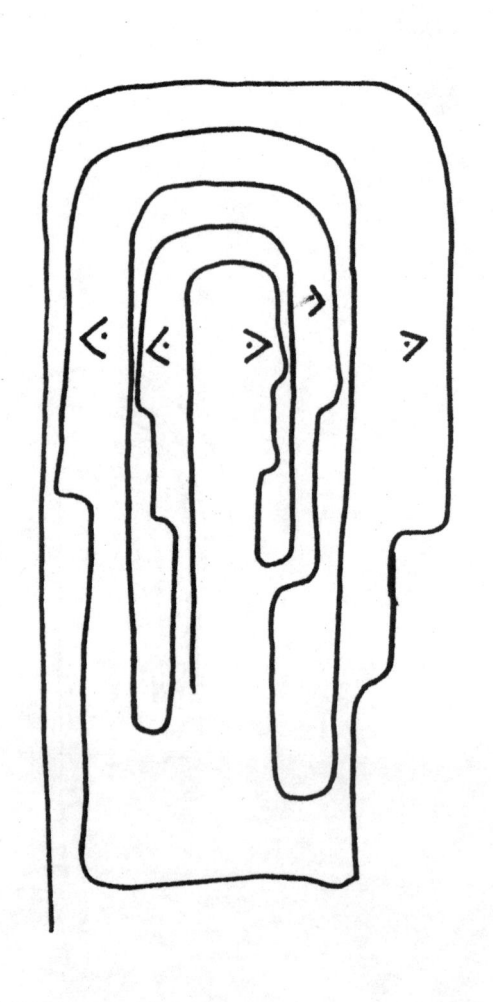

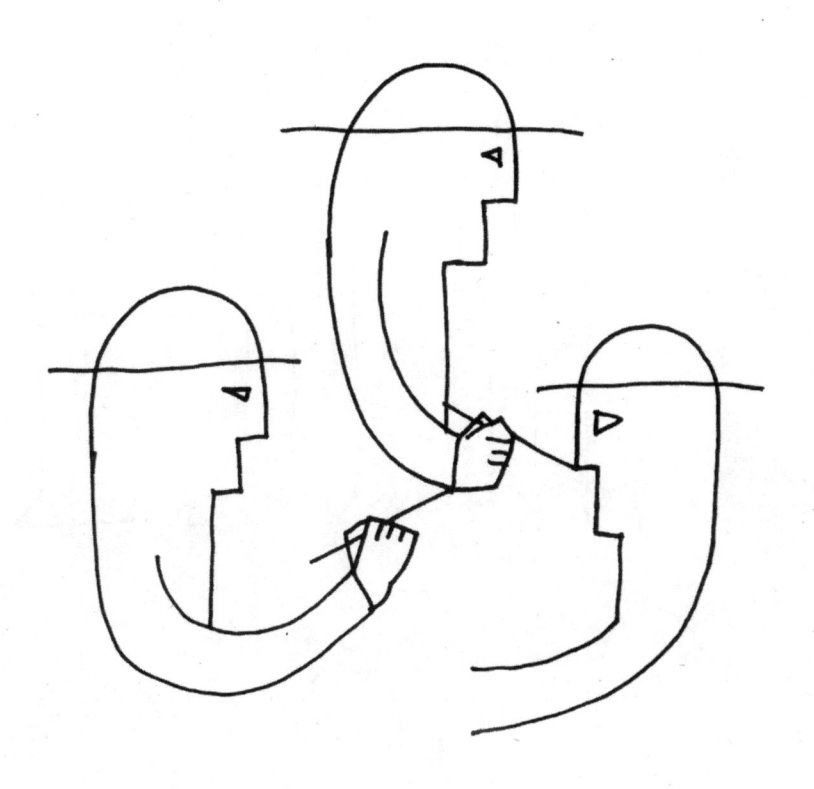

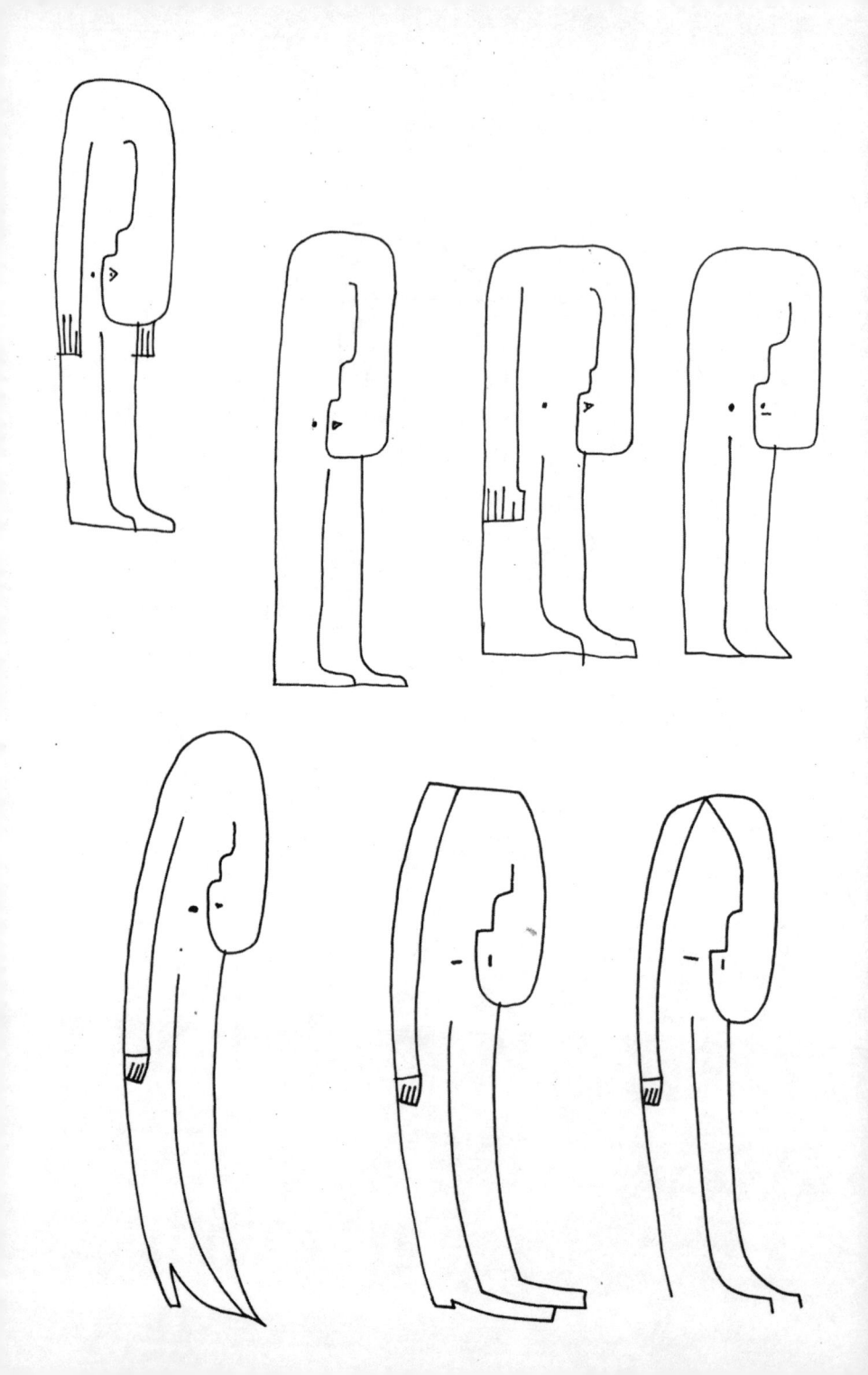

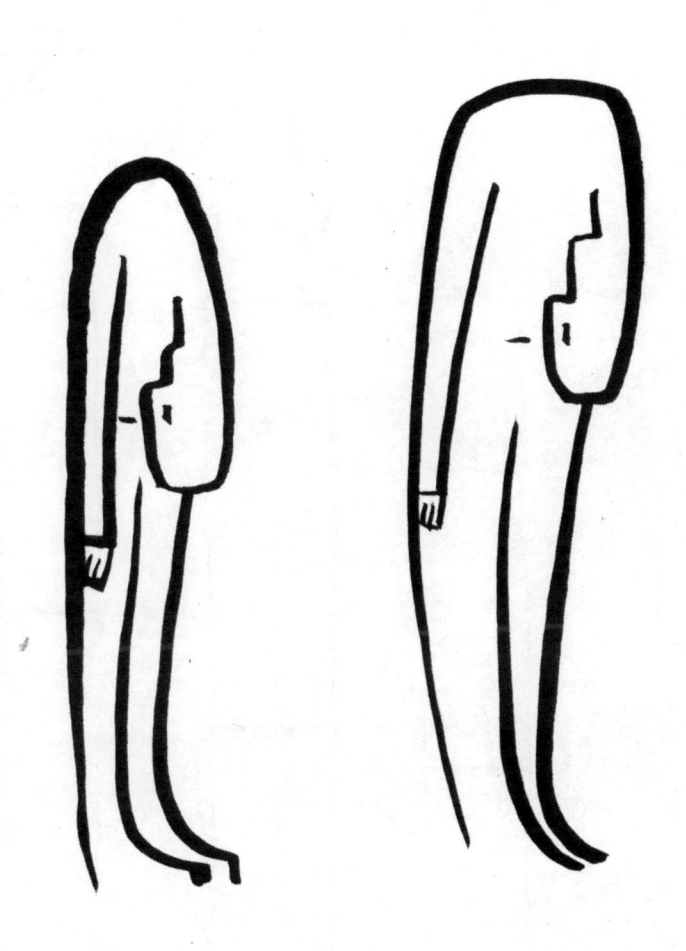

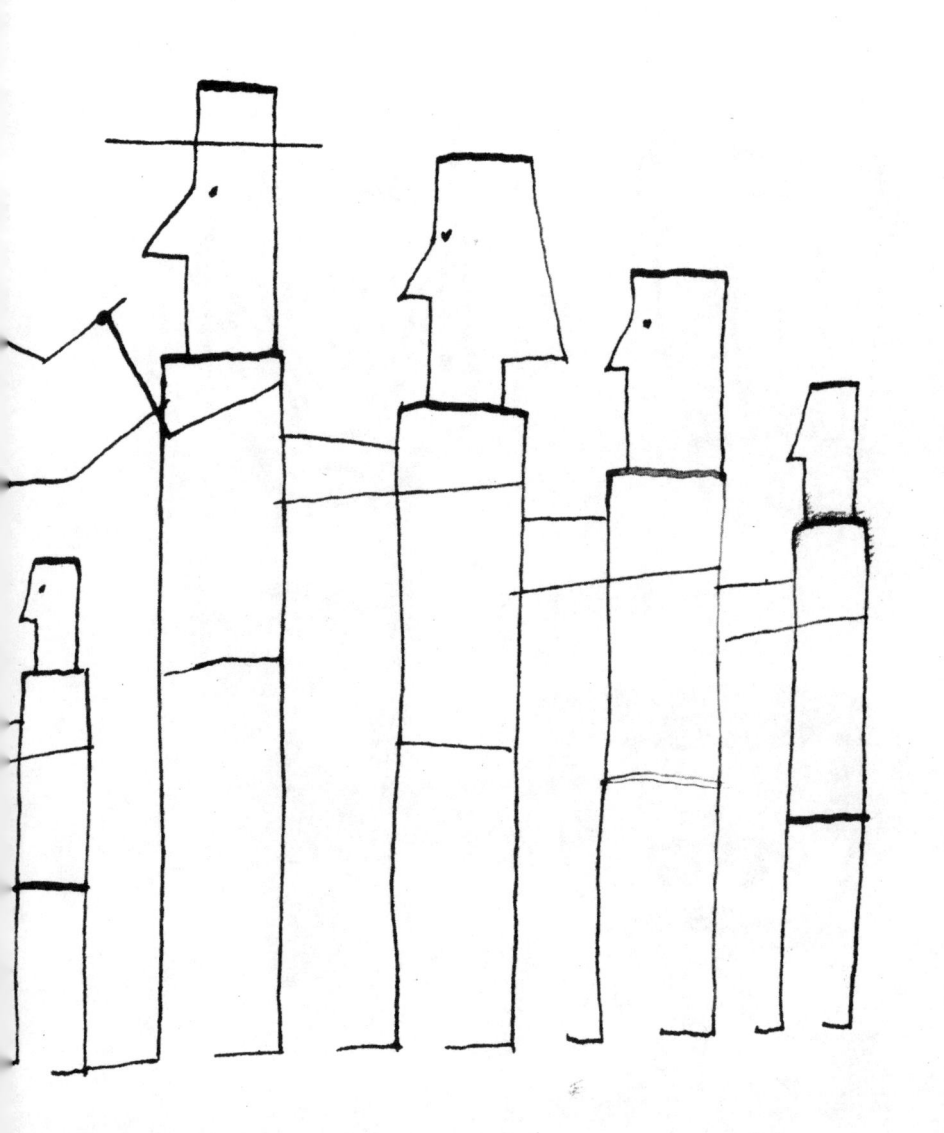

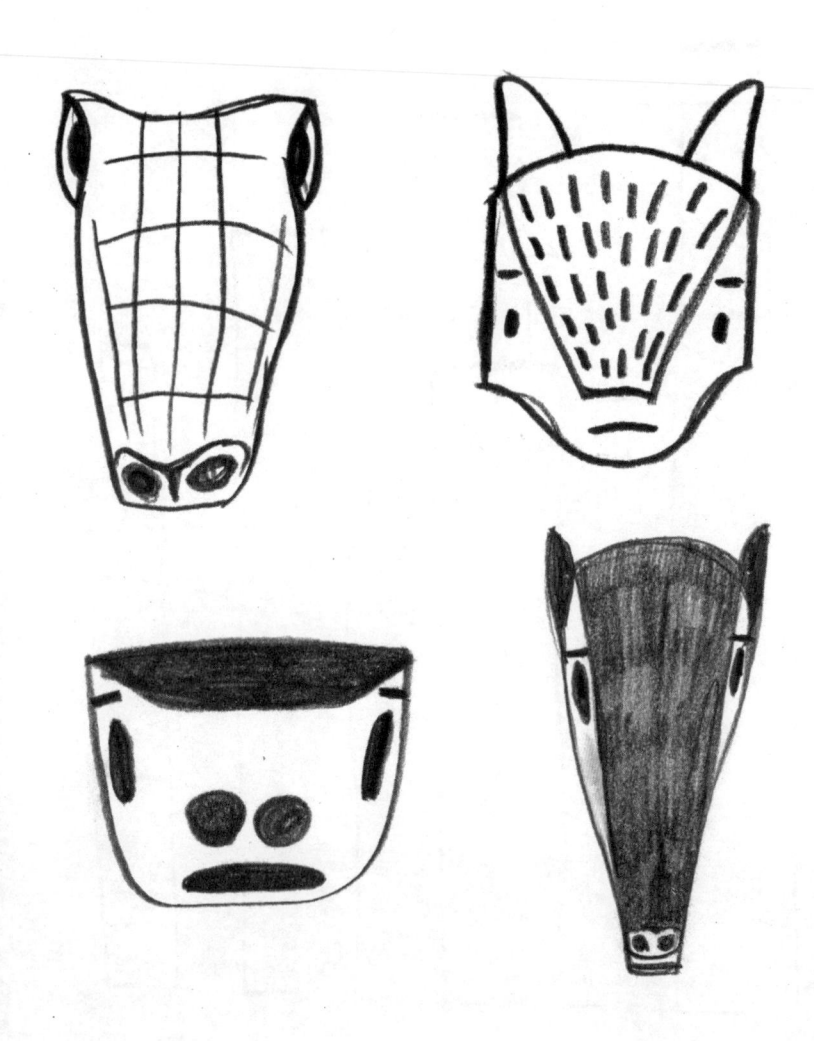

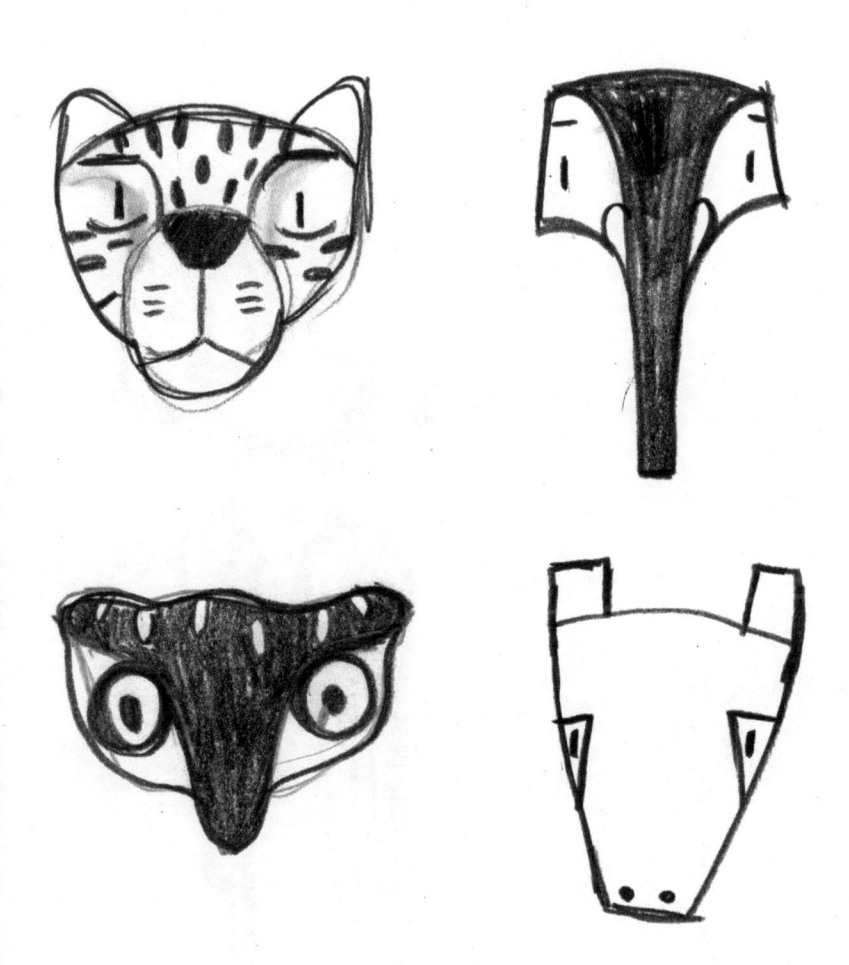

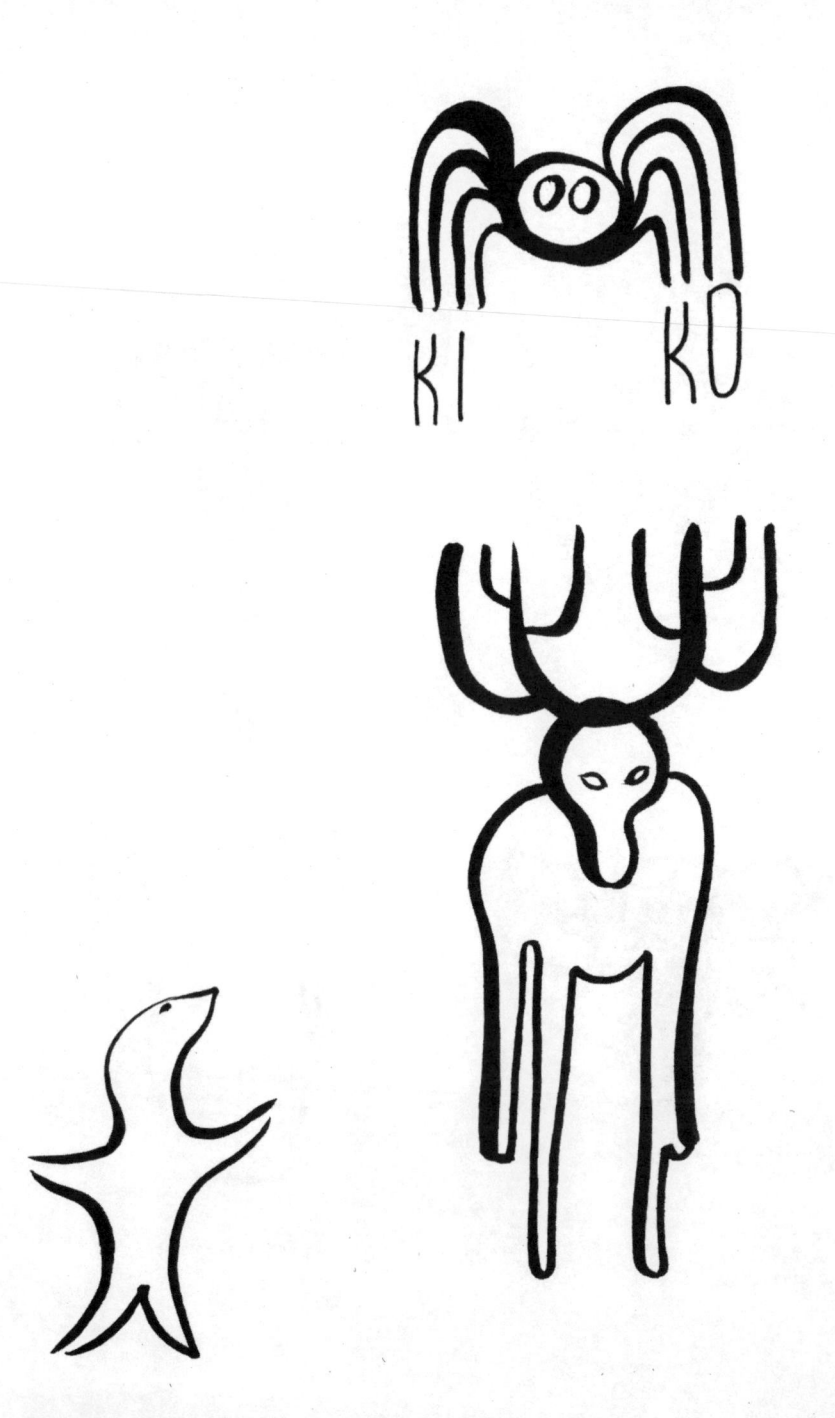

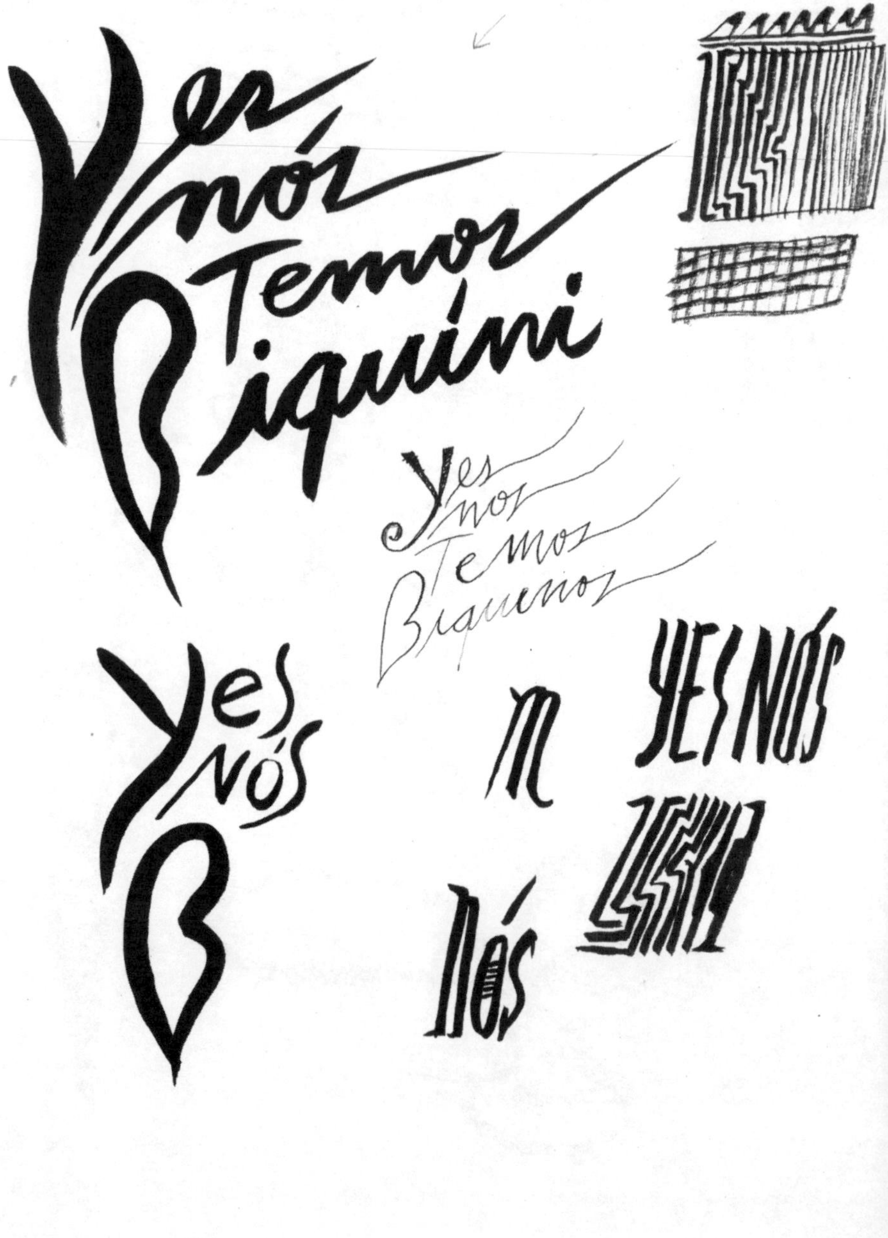
Yes nós Temos Biquíni
Yes nós B
Nós
YES NÓS

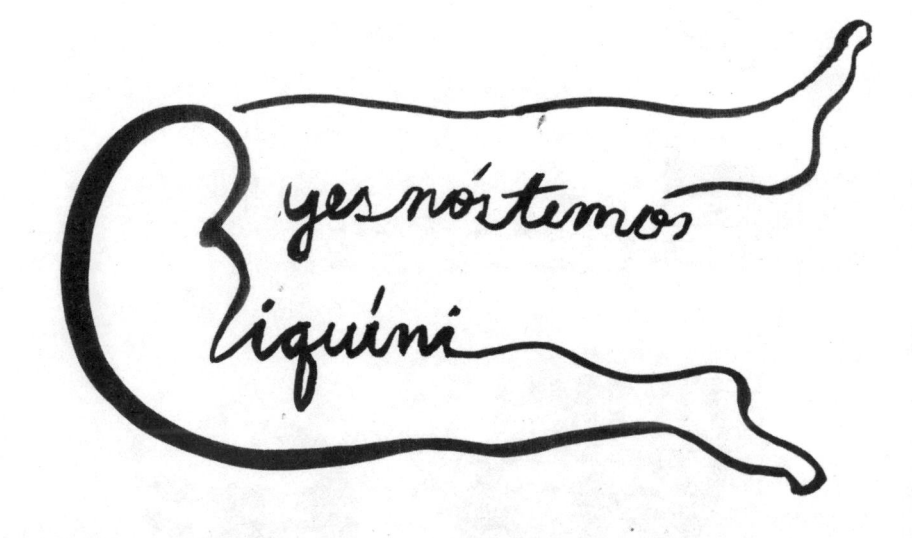

JOVEM ⟶ ►
INOVAÇÃO
DIGITAL
ELETRÔNICO

JACARÉ

+ BLINK

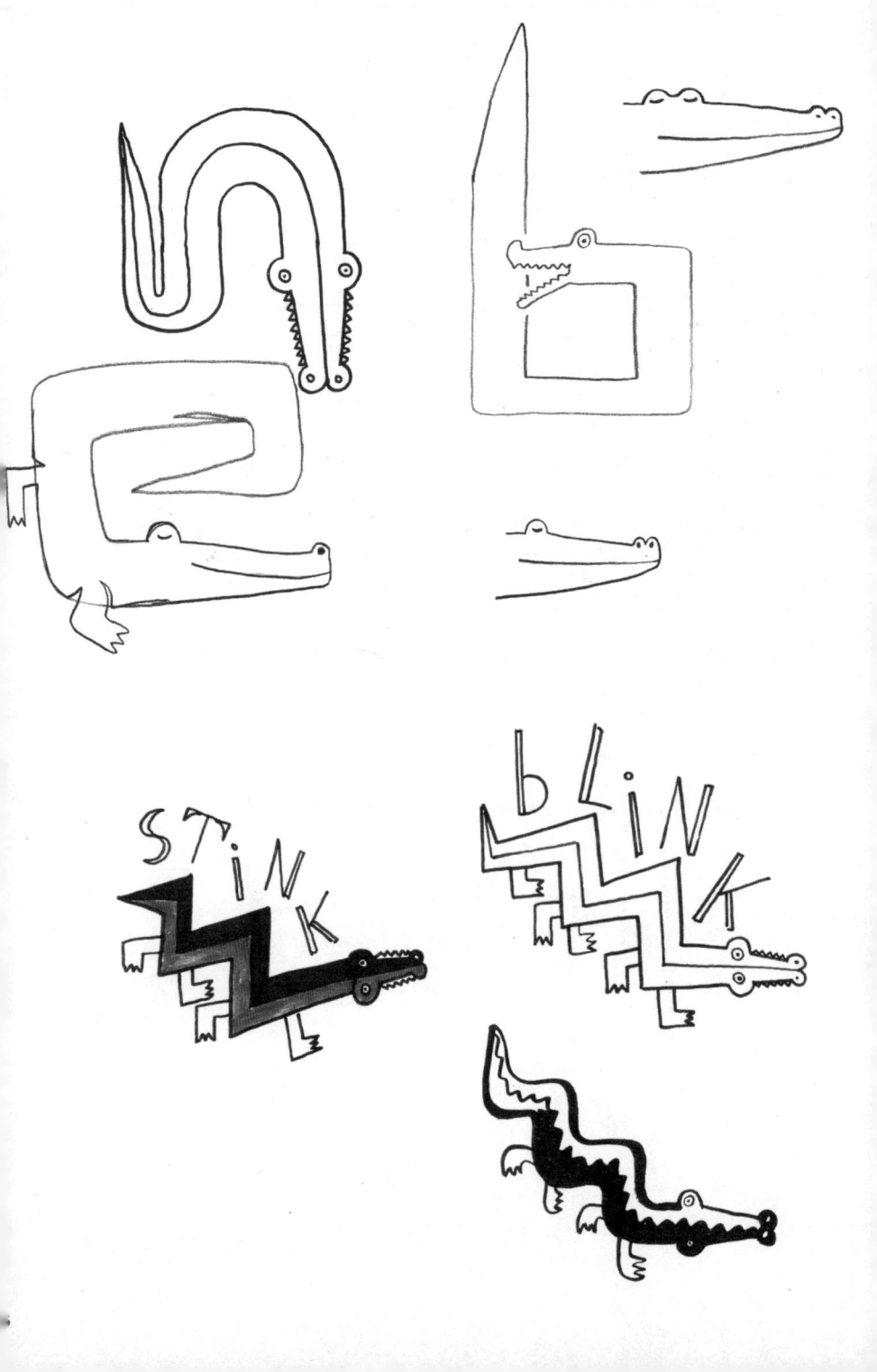

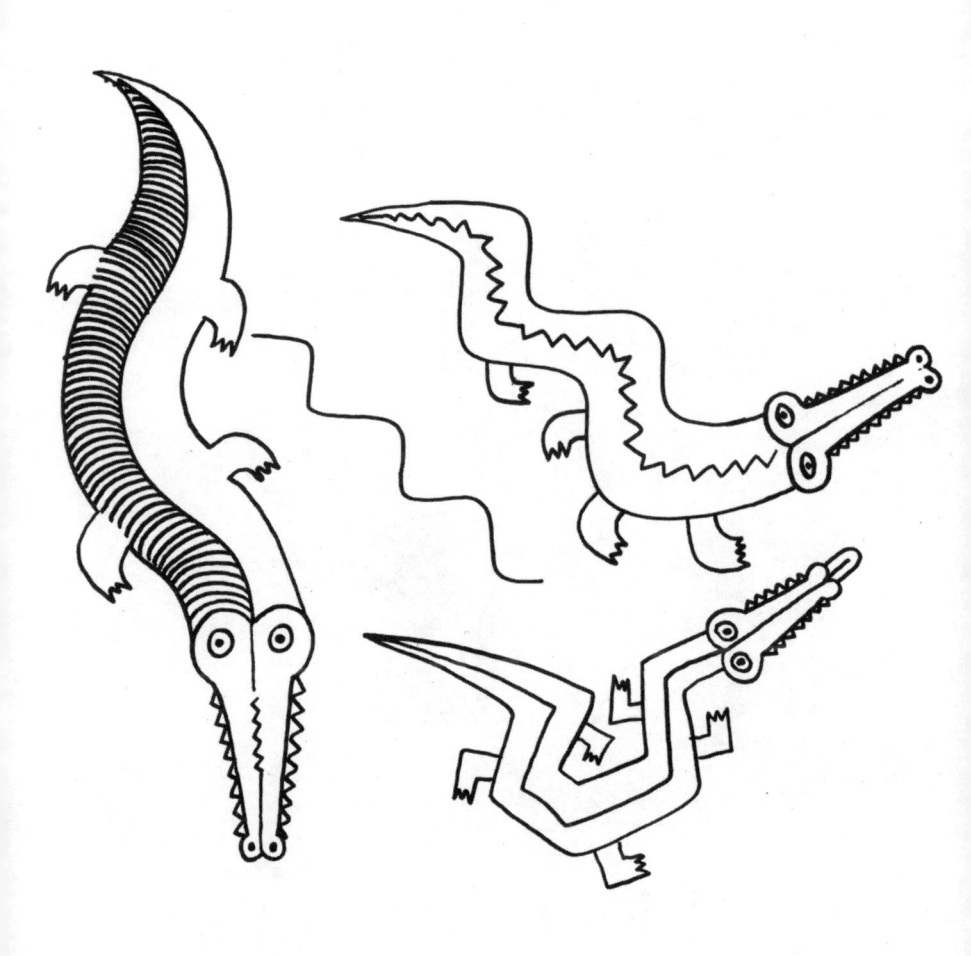

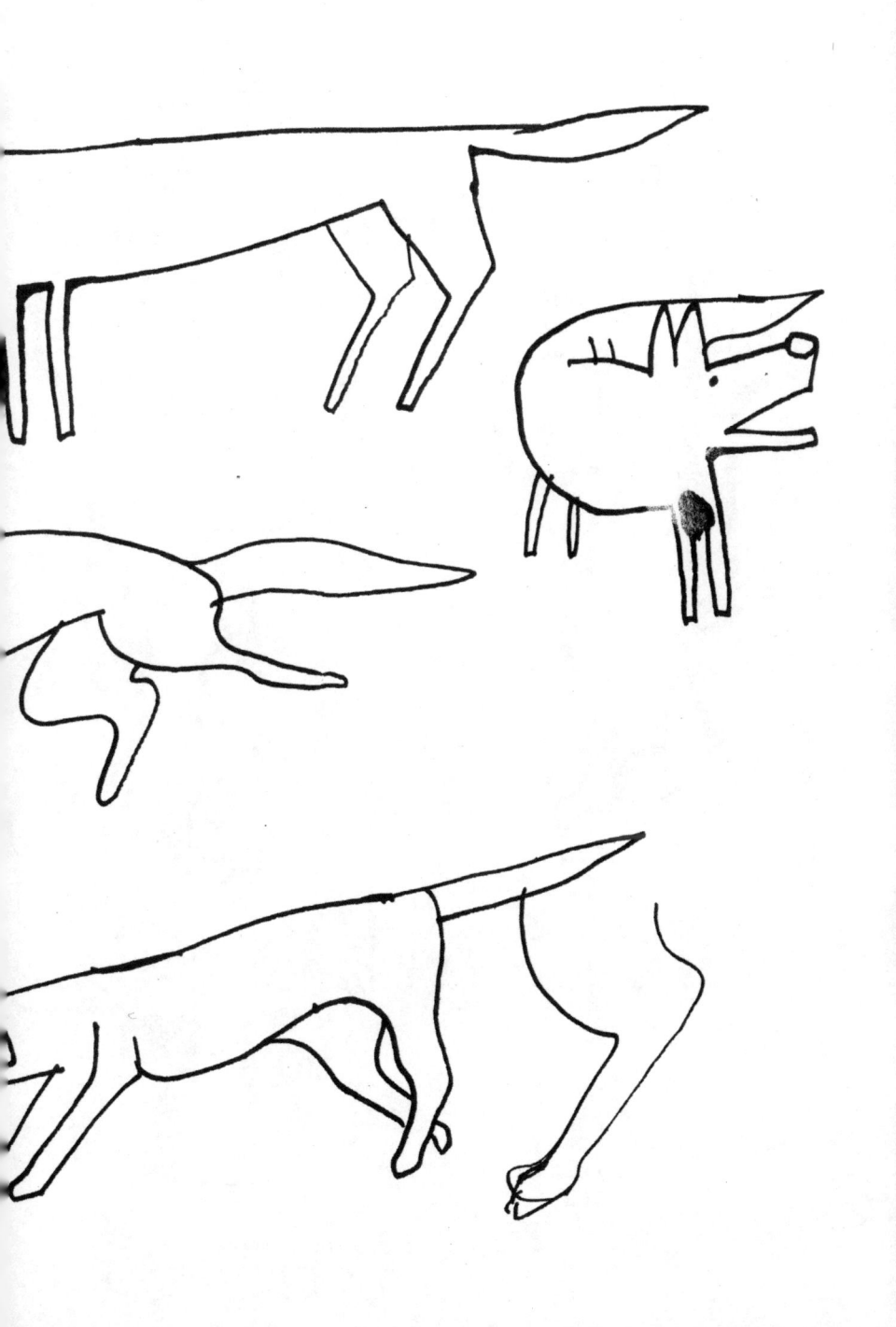

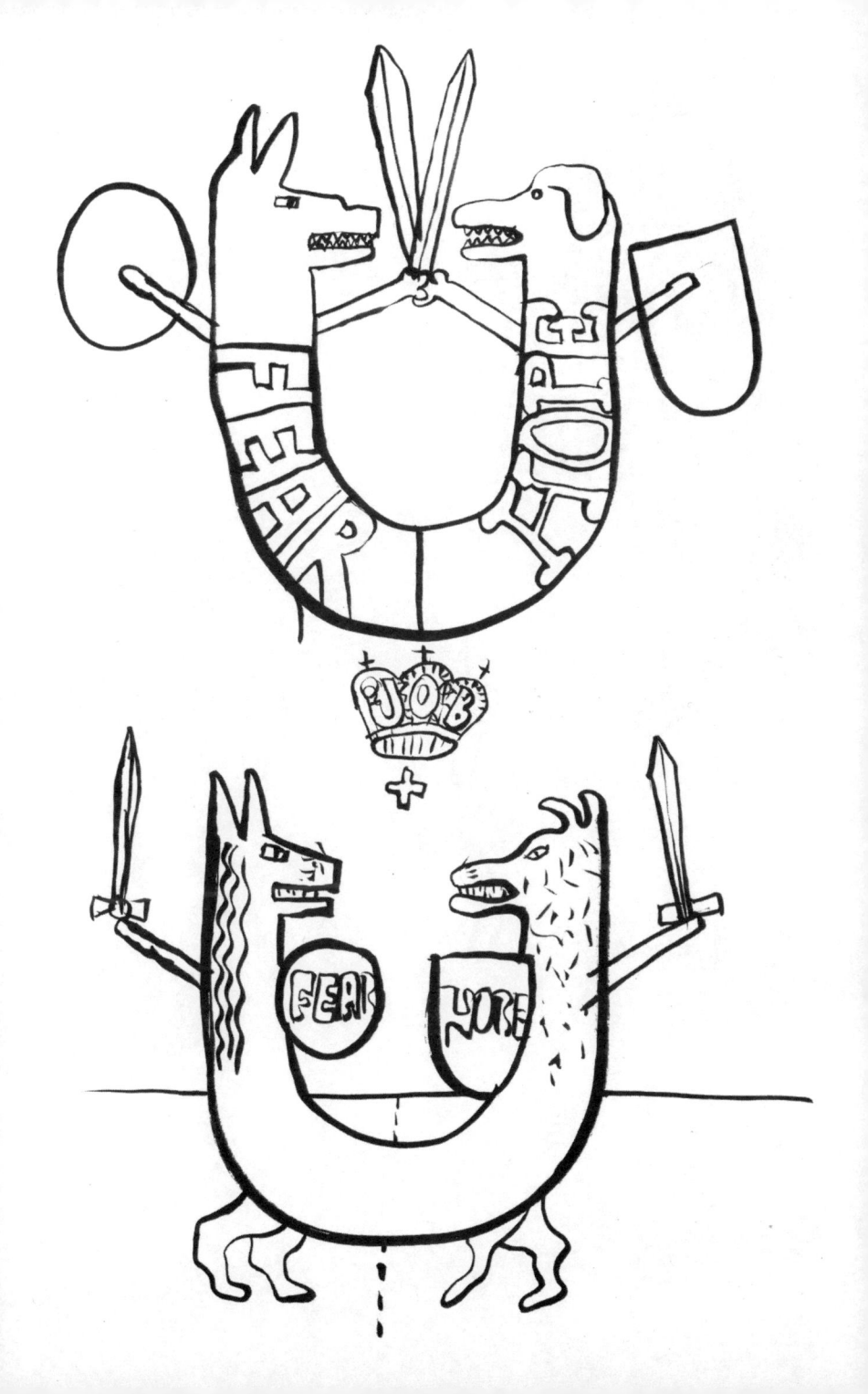

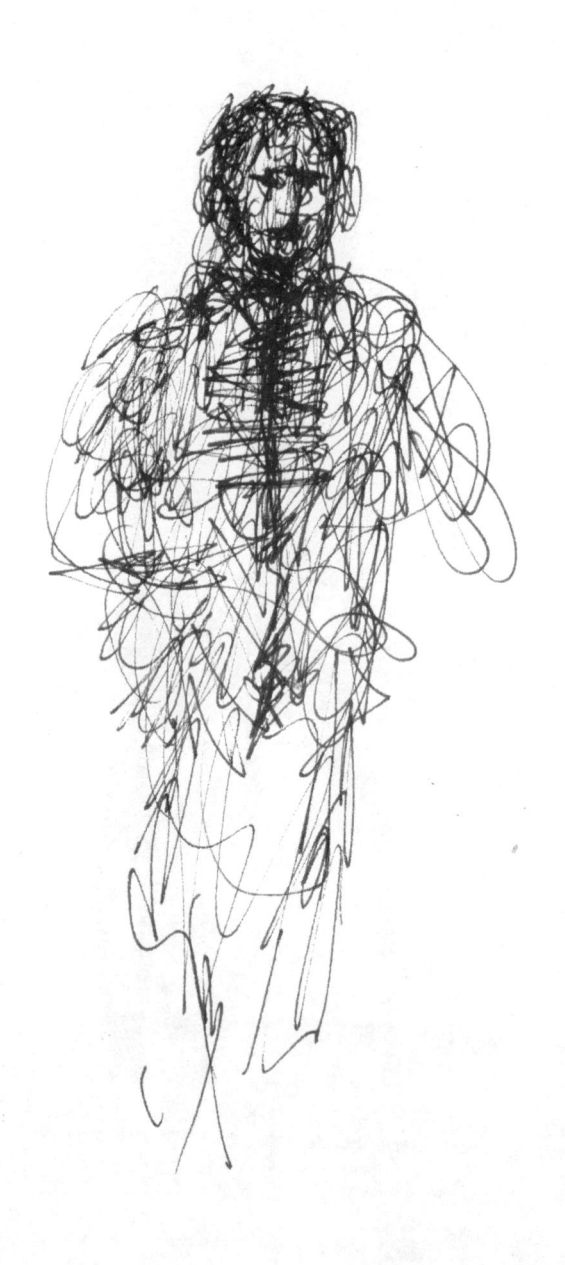

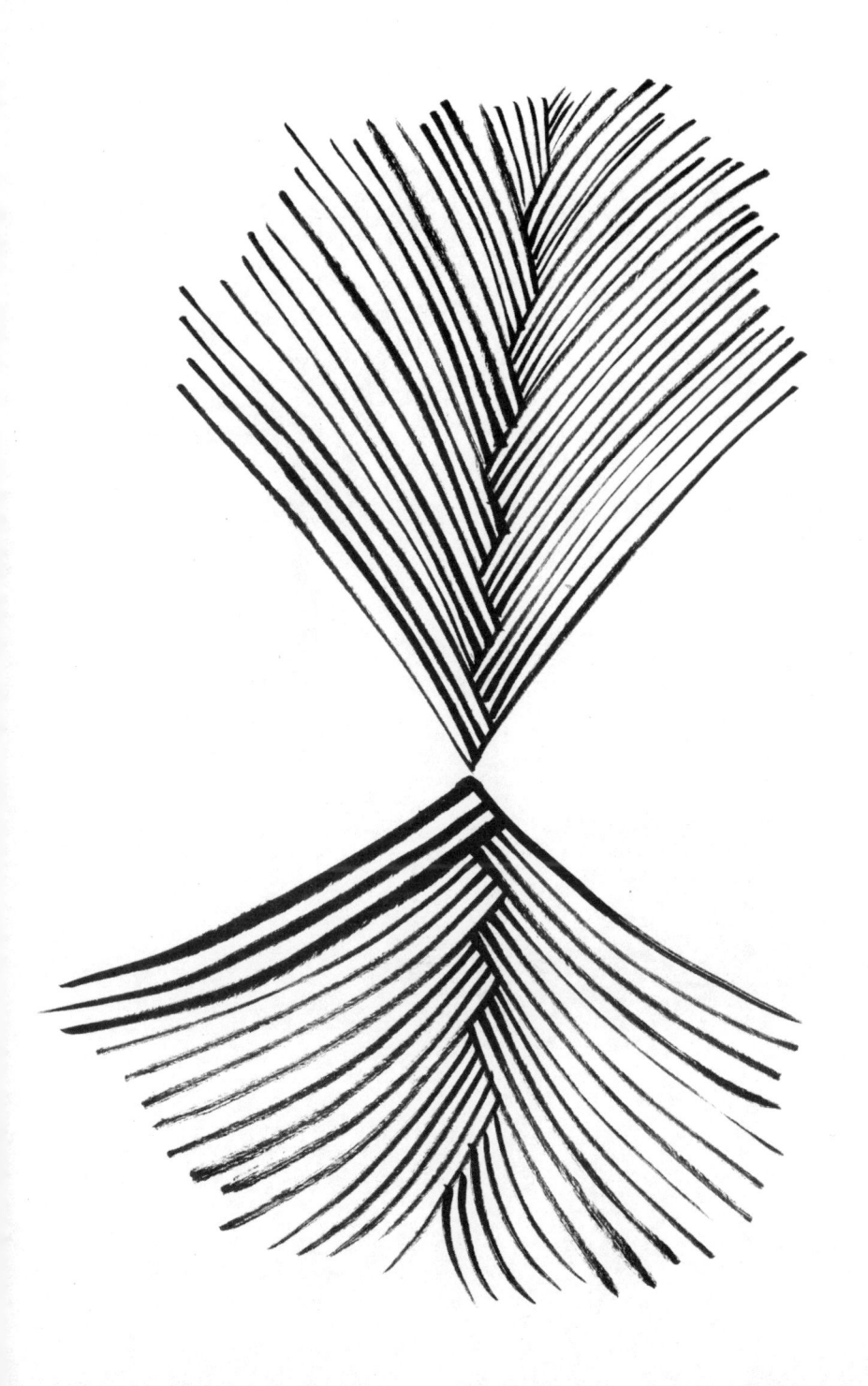

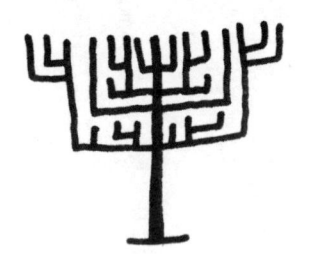

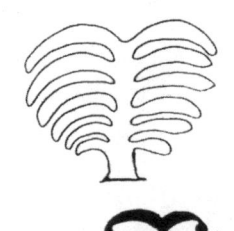

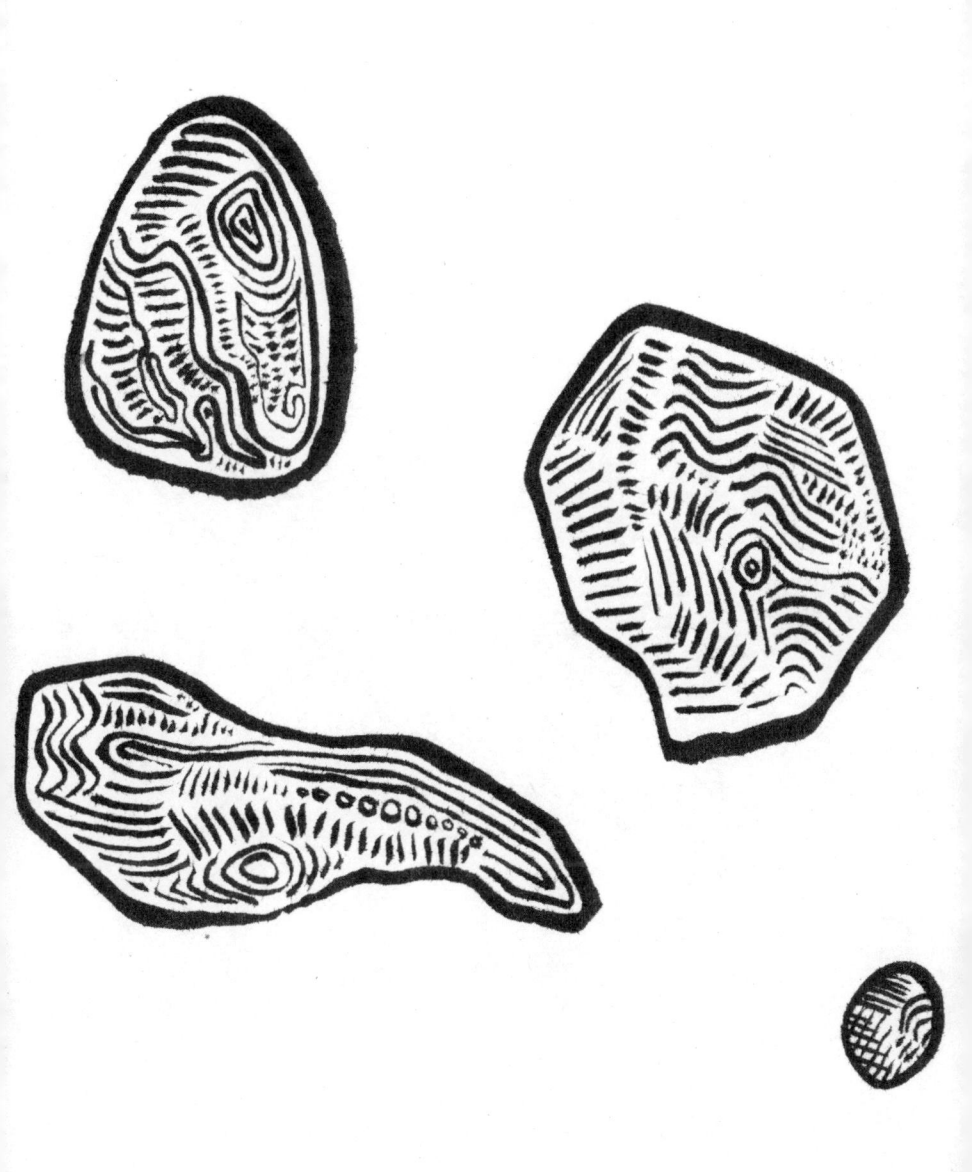

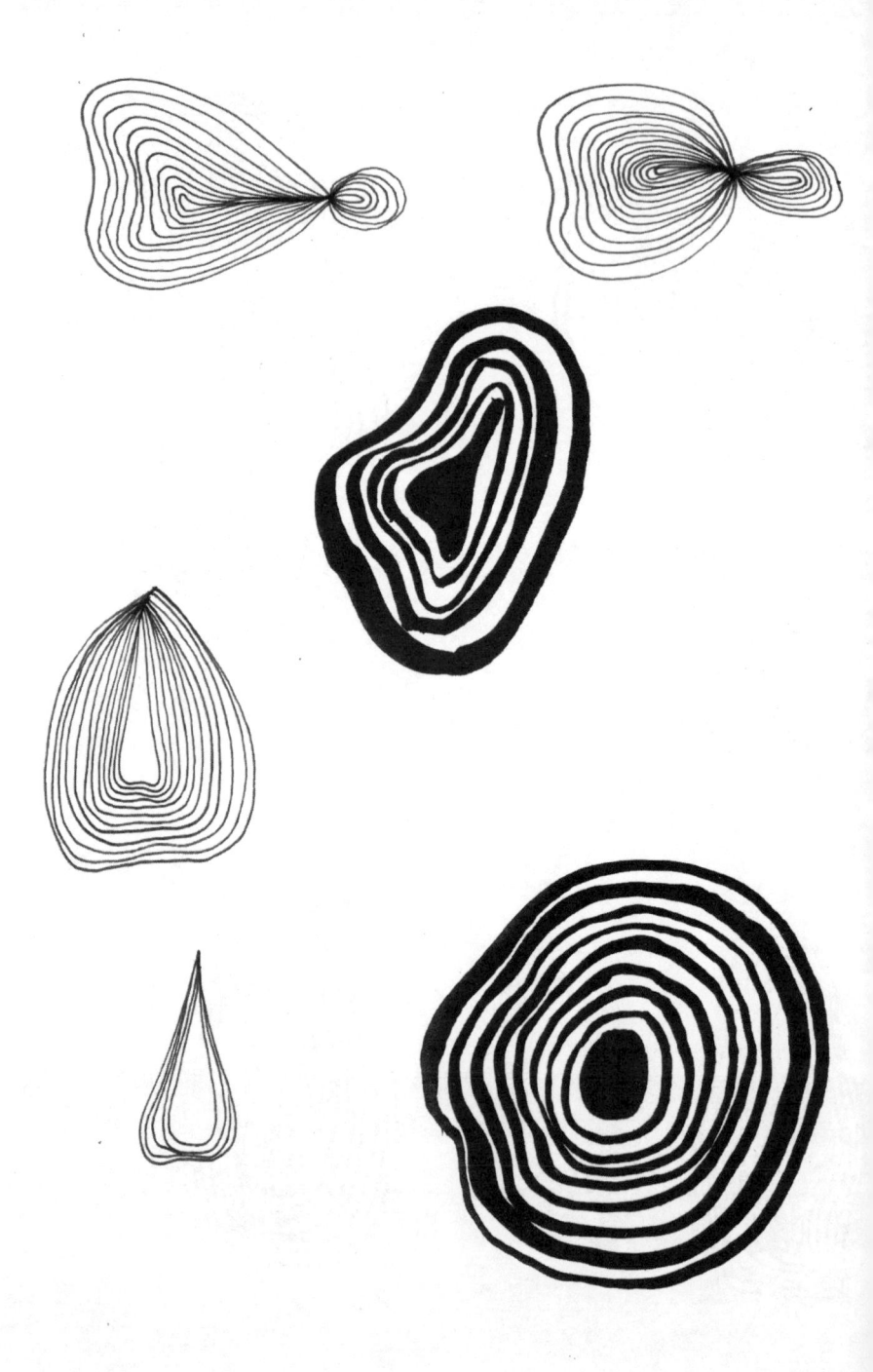

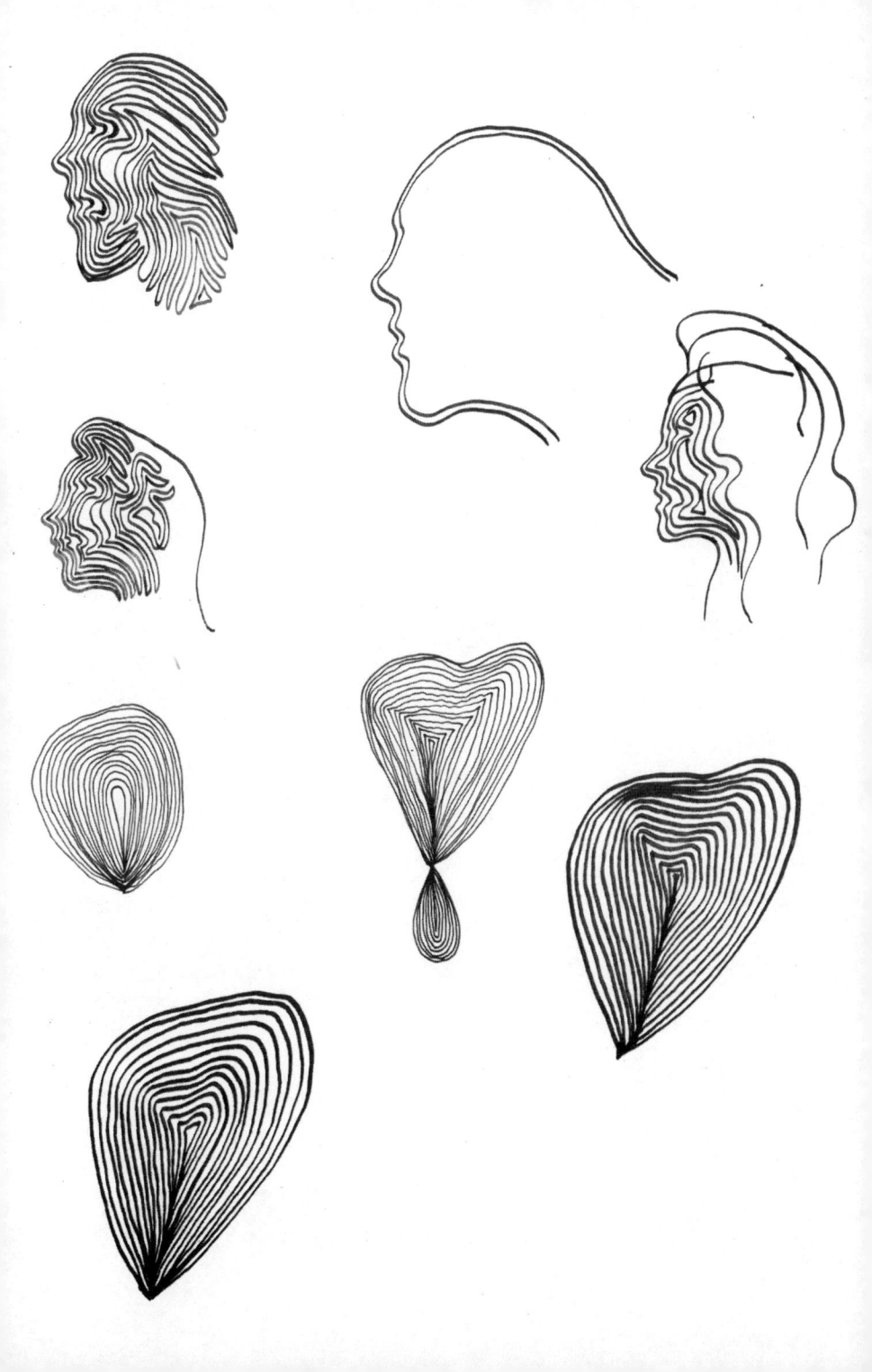

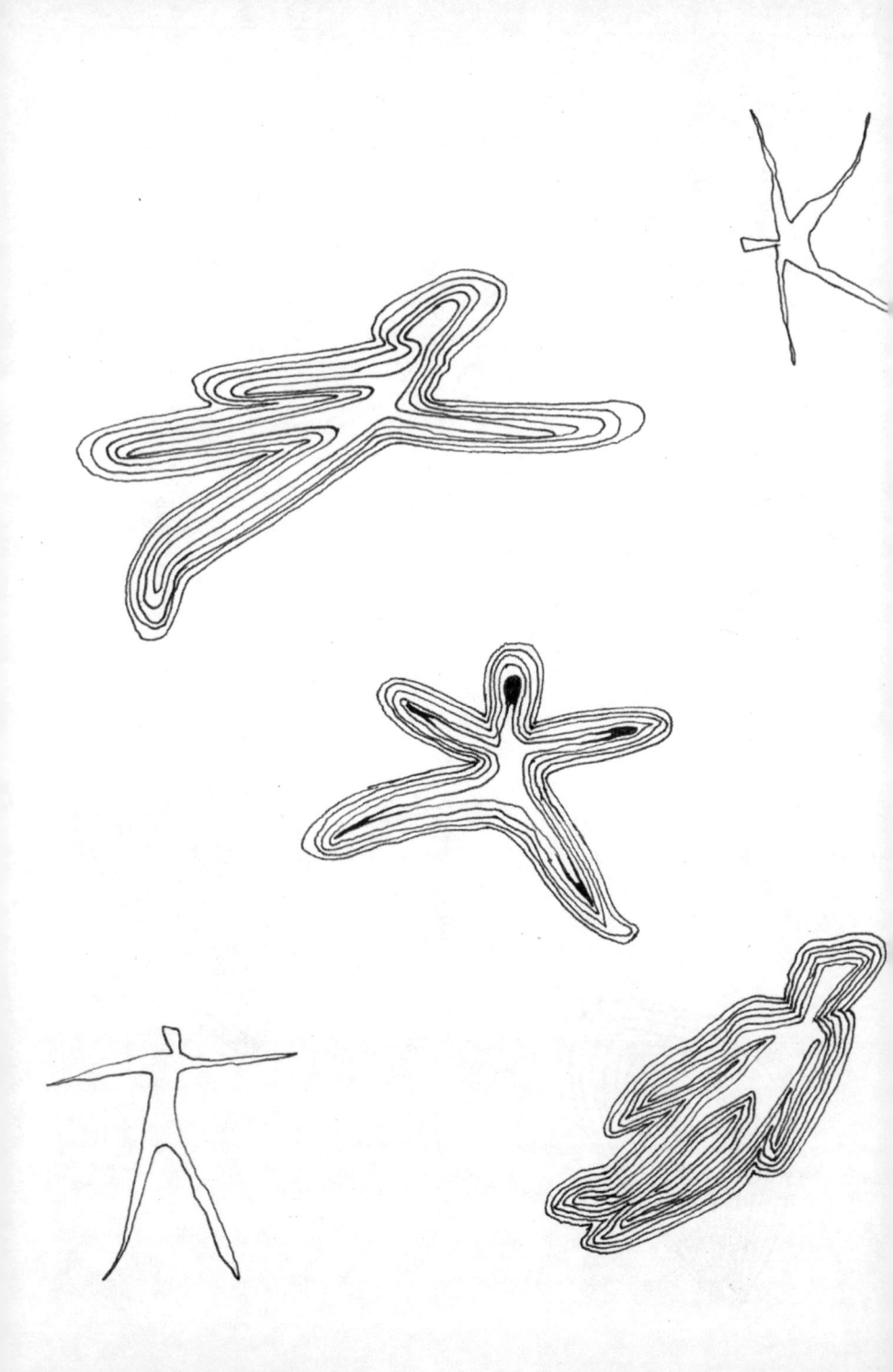

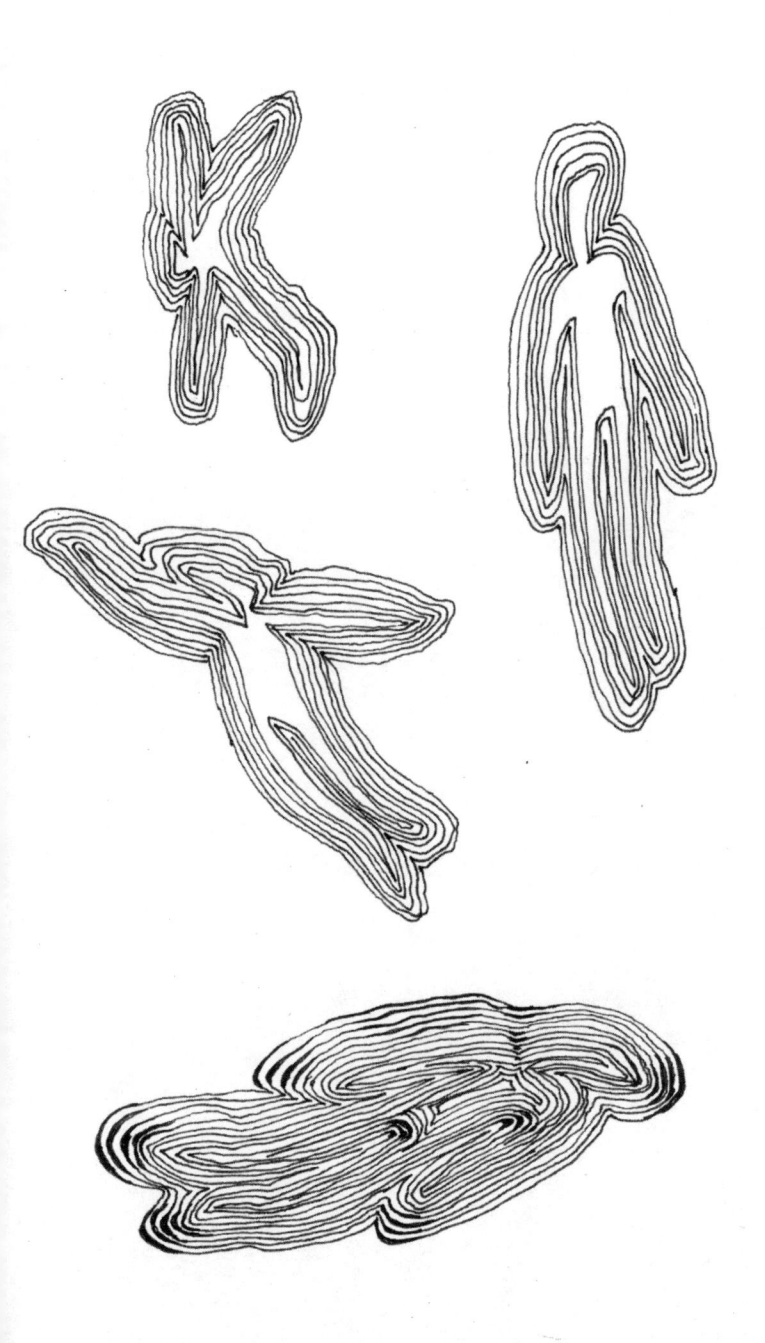

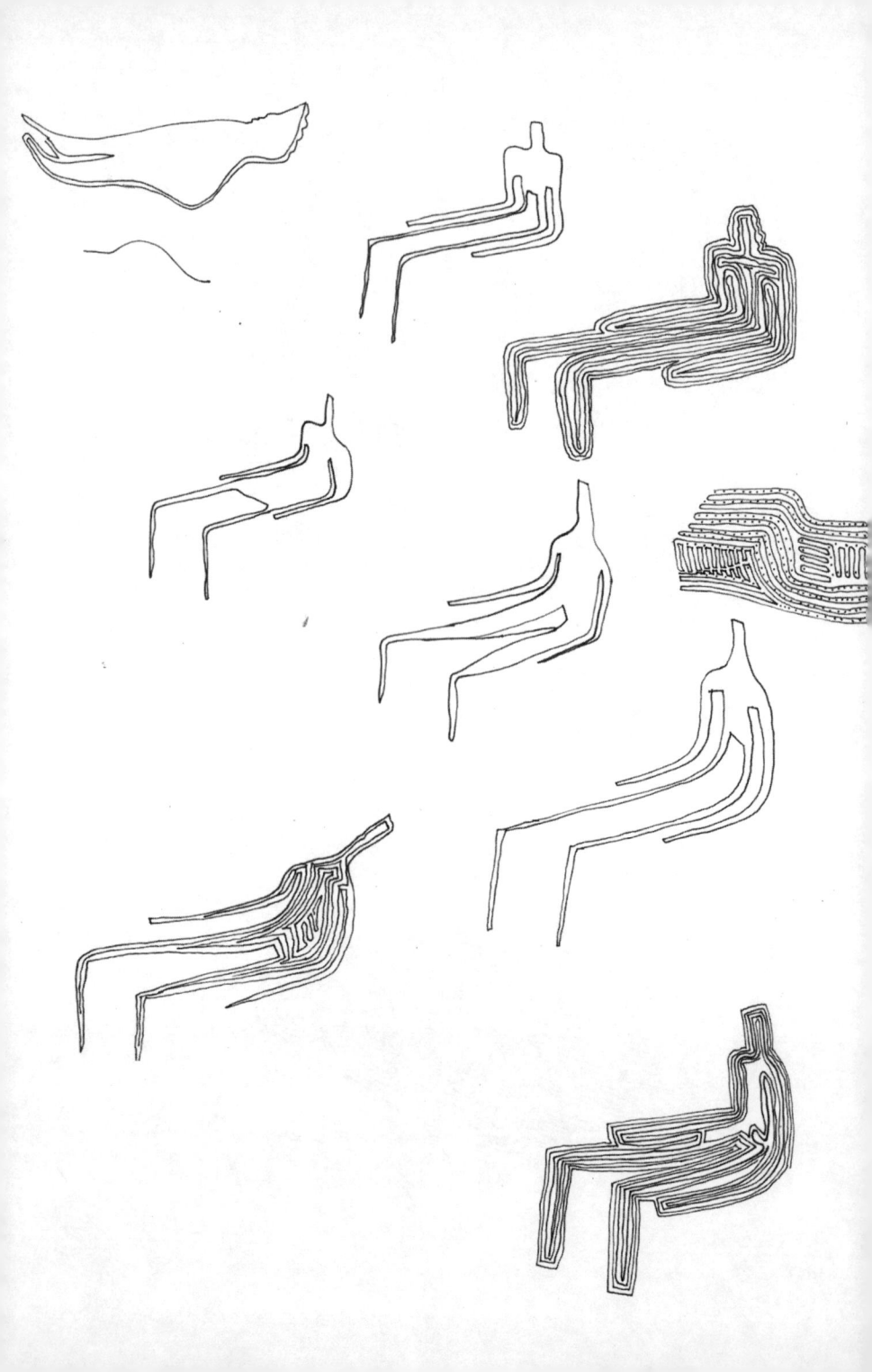

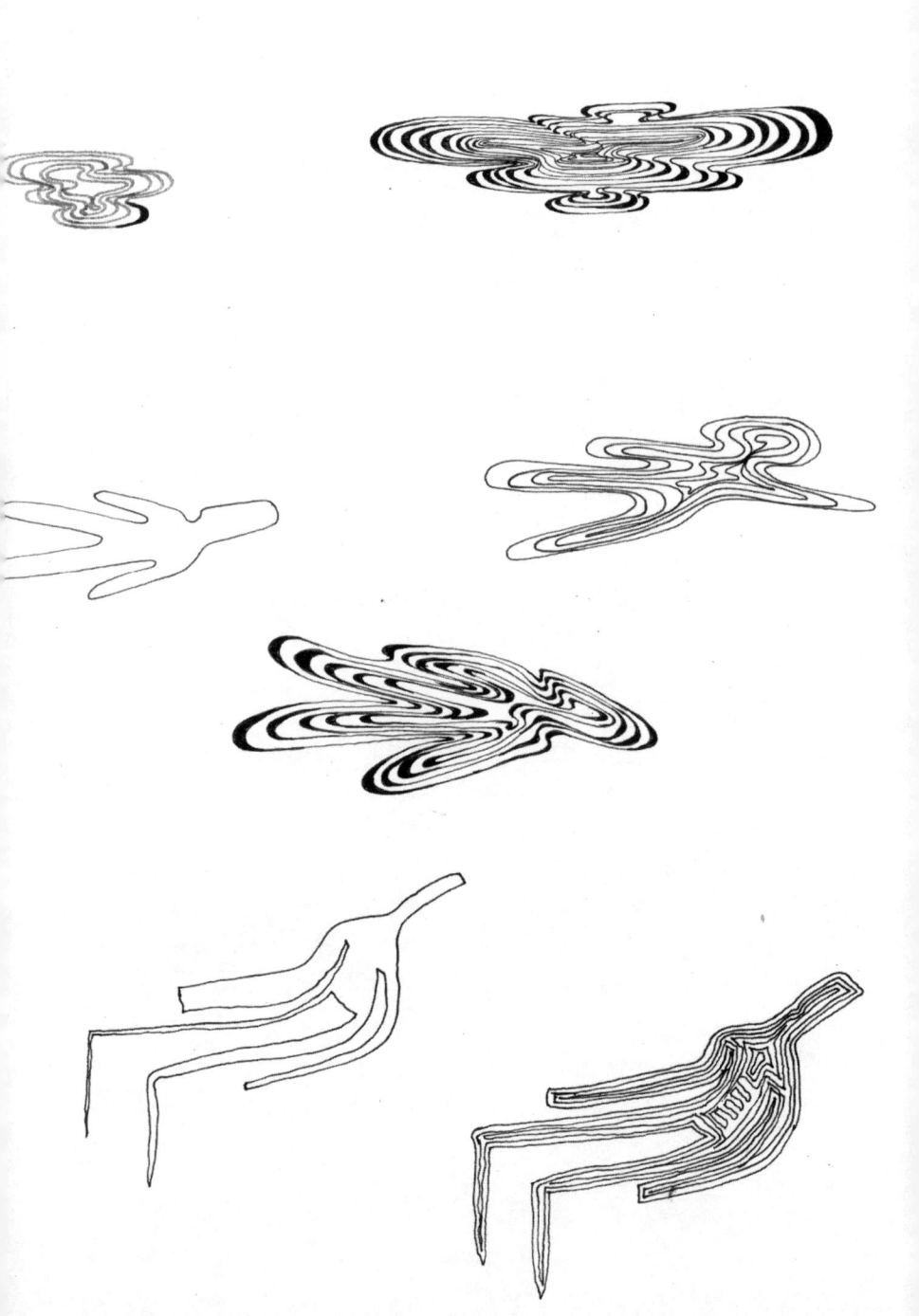

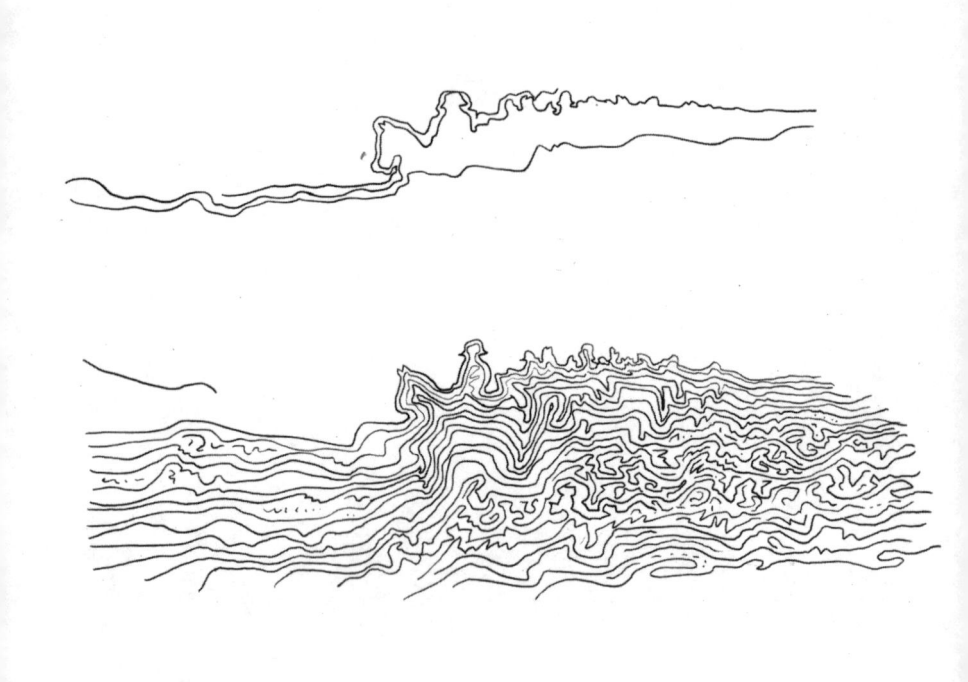

8

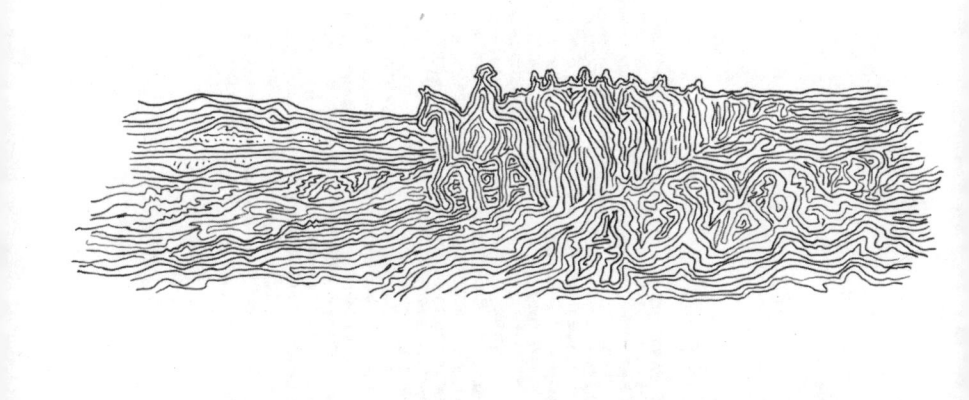

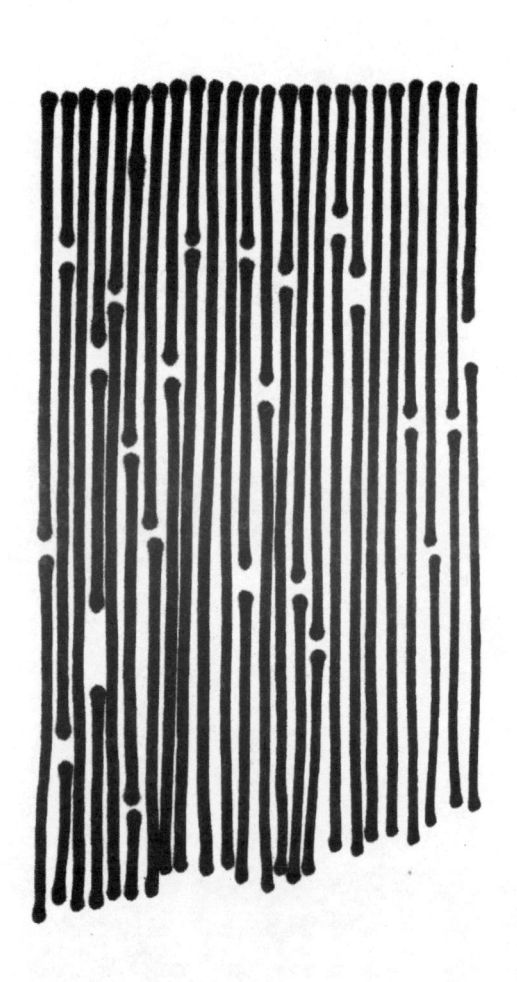

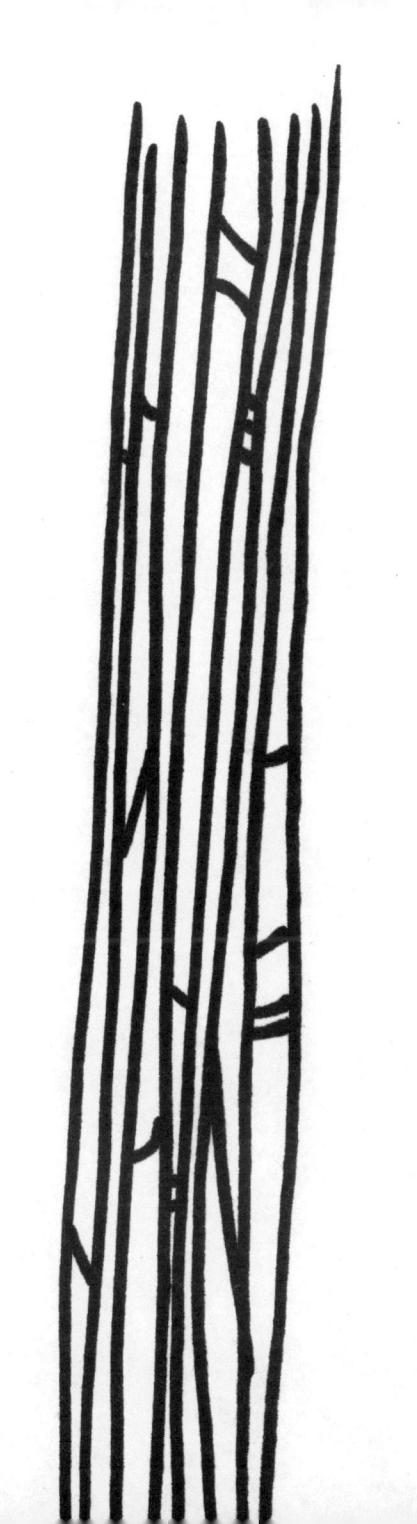

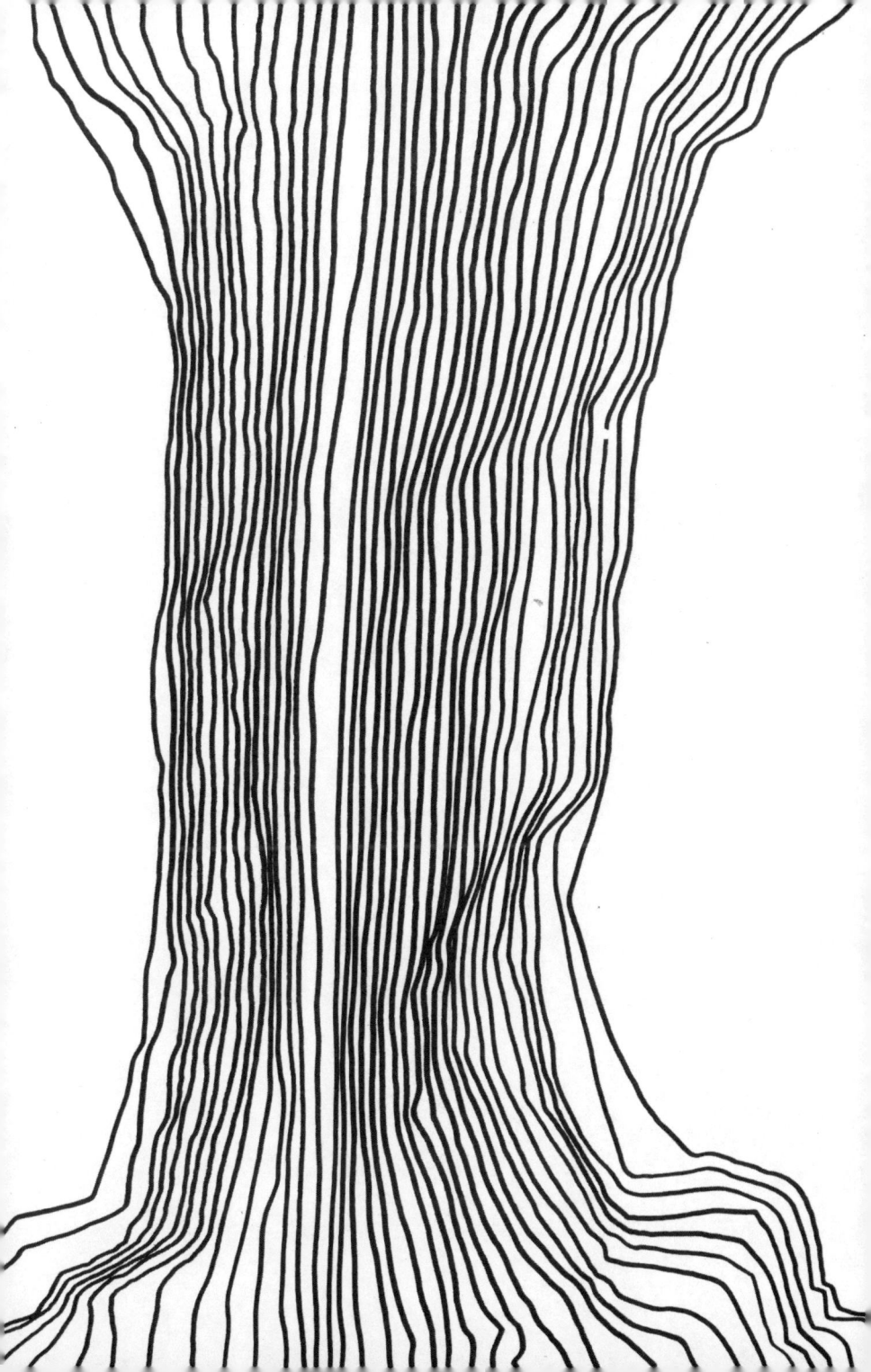

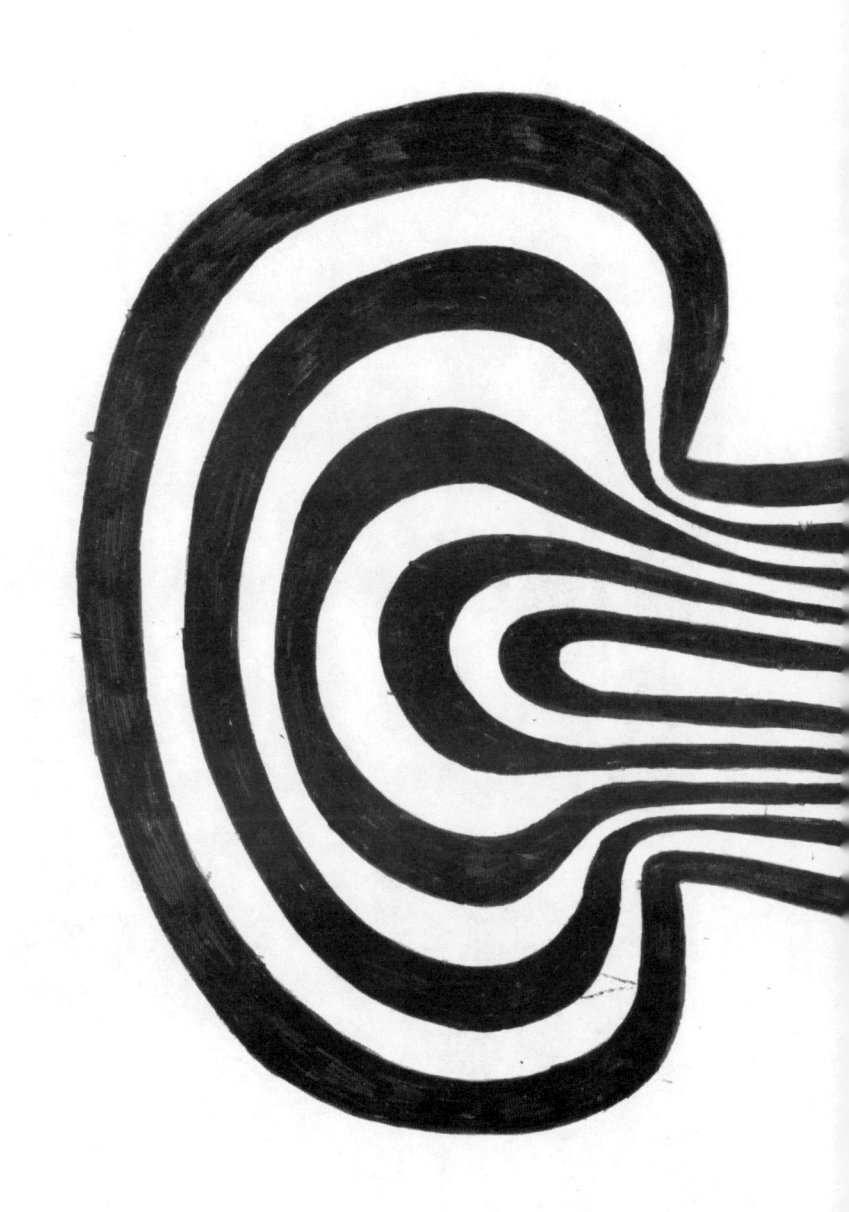

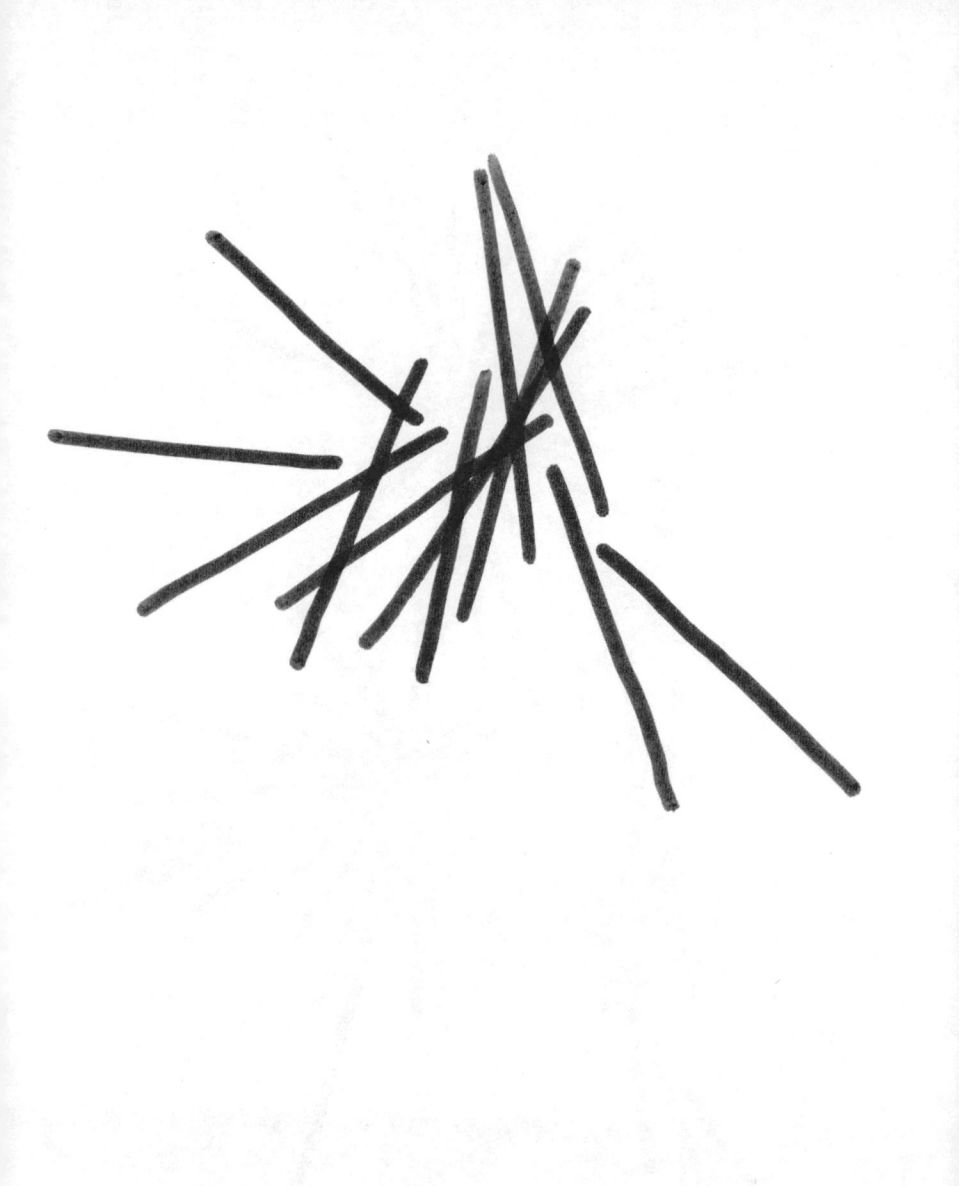

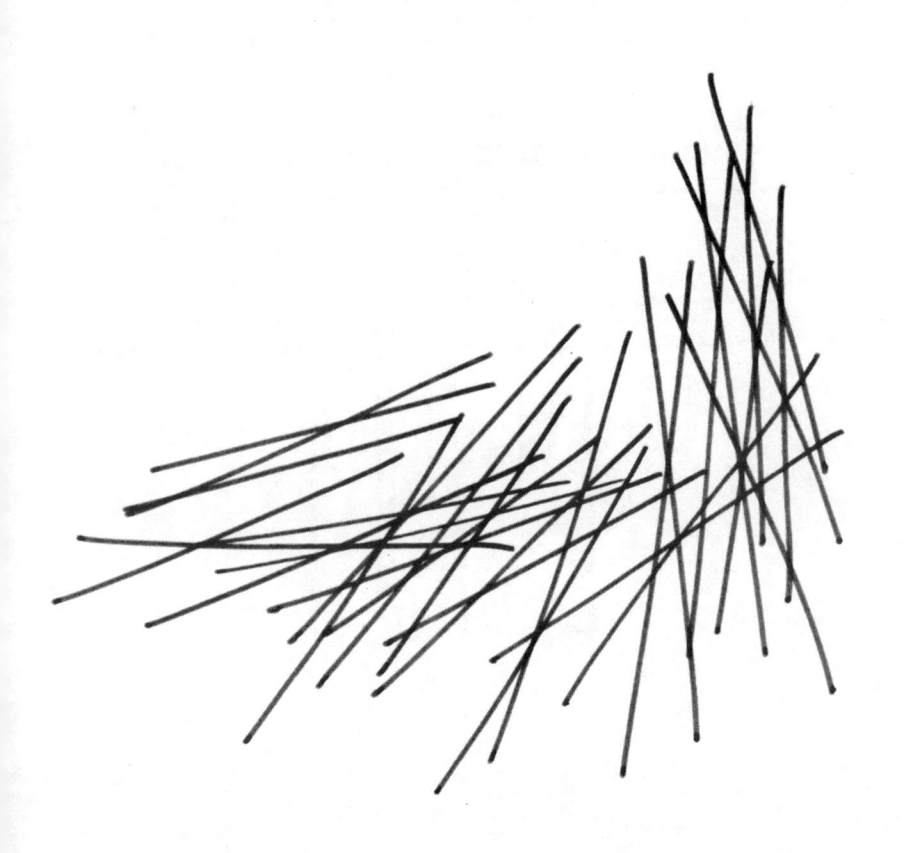

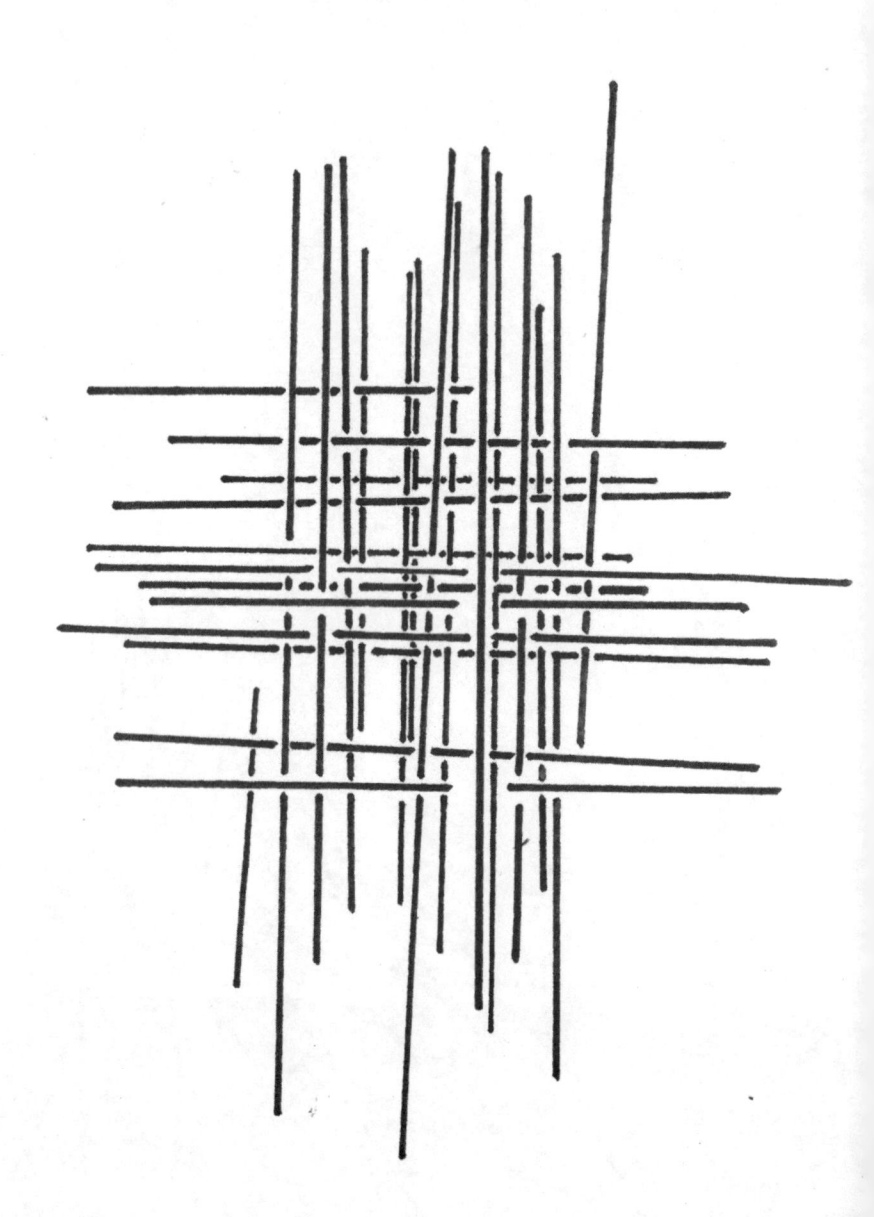

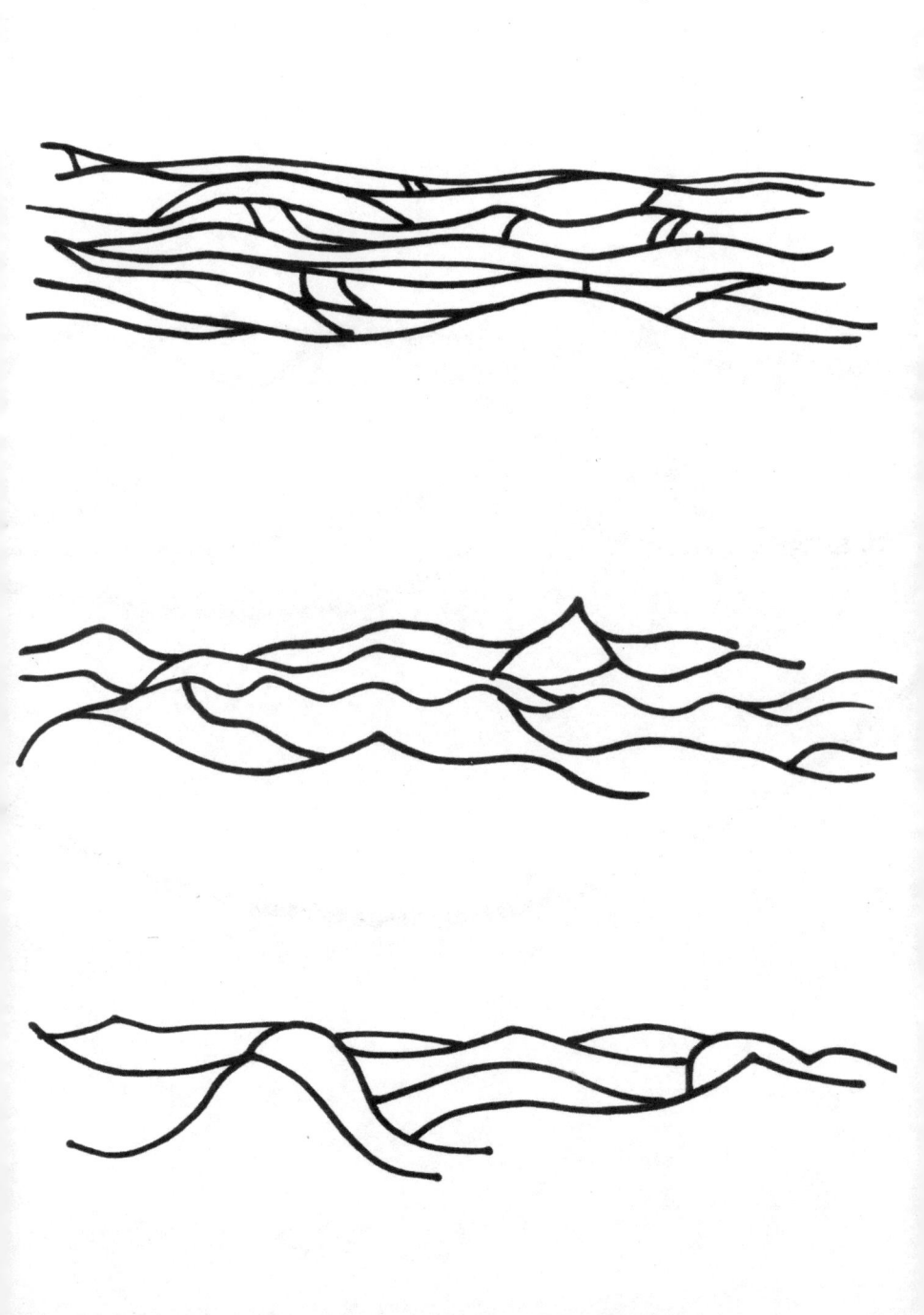

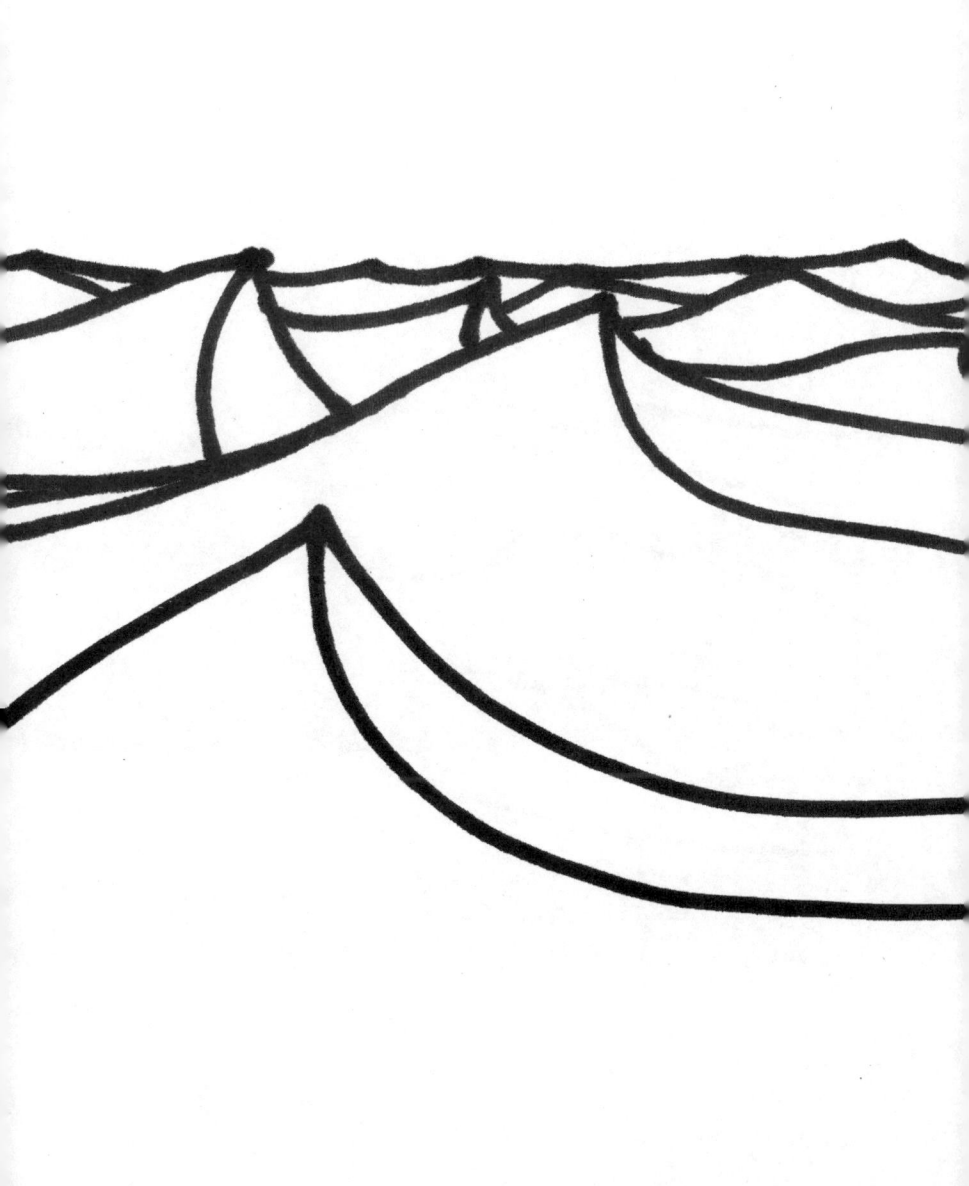

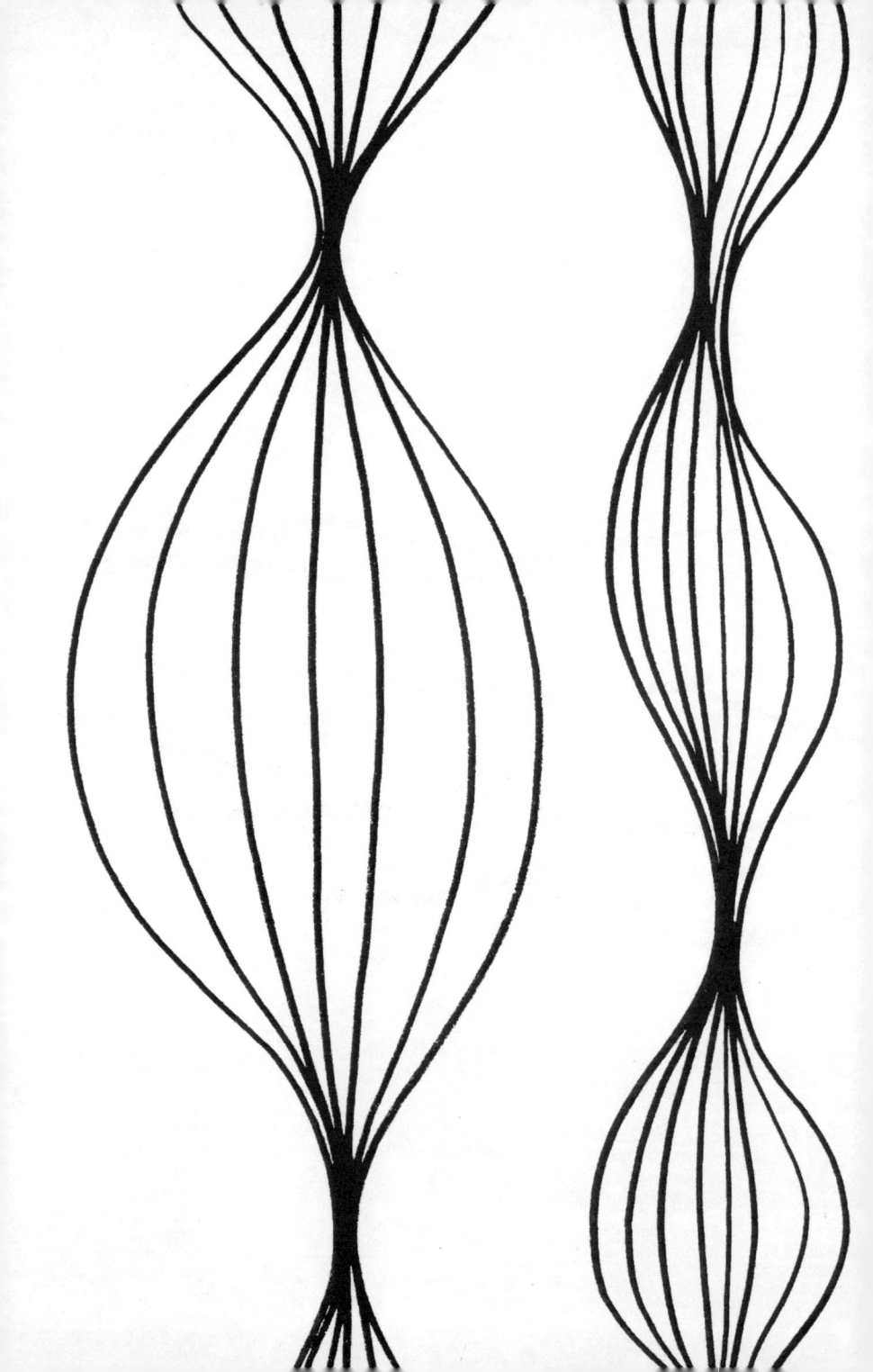

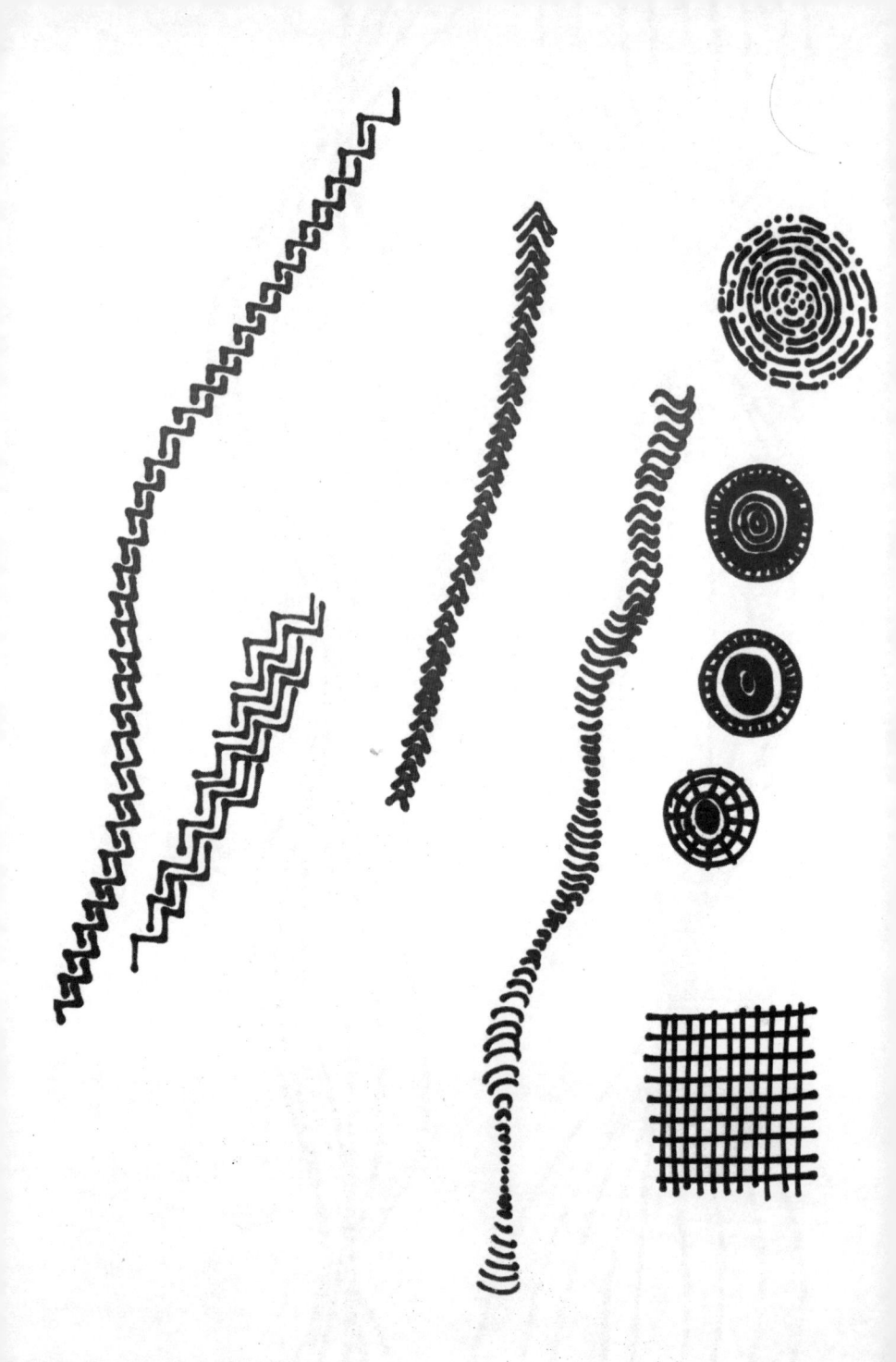

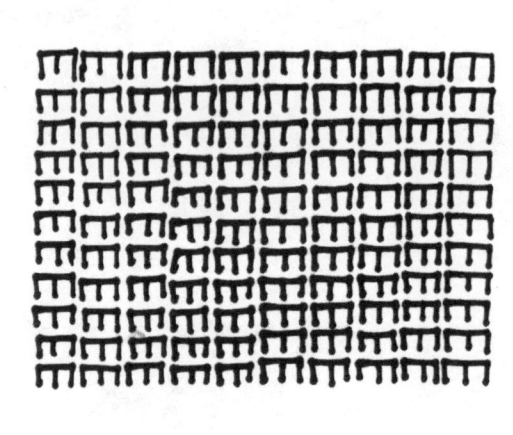

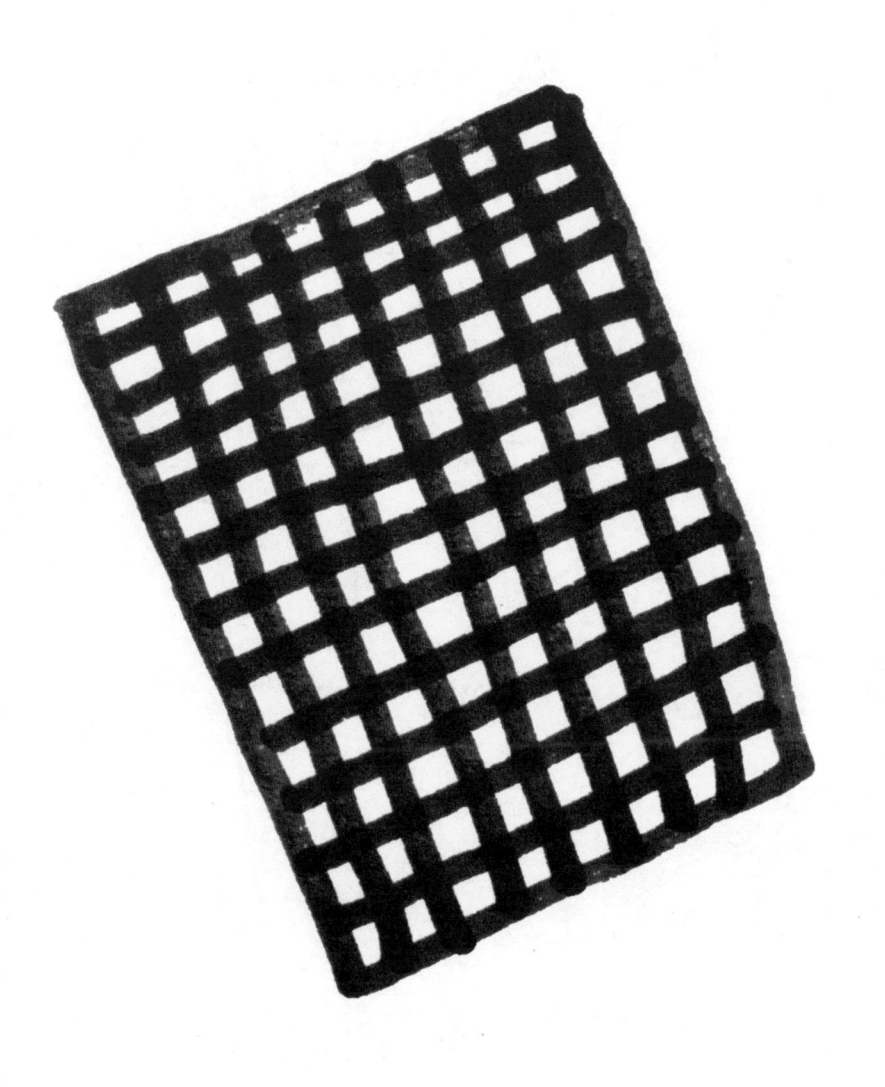

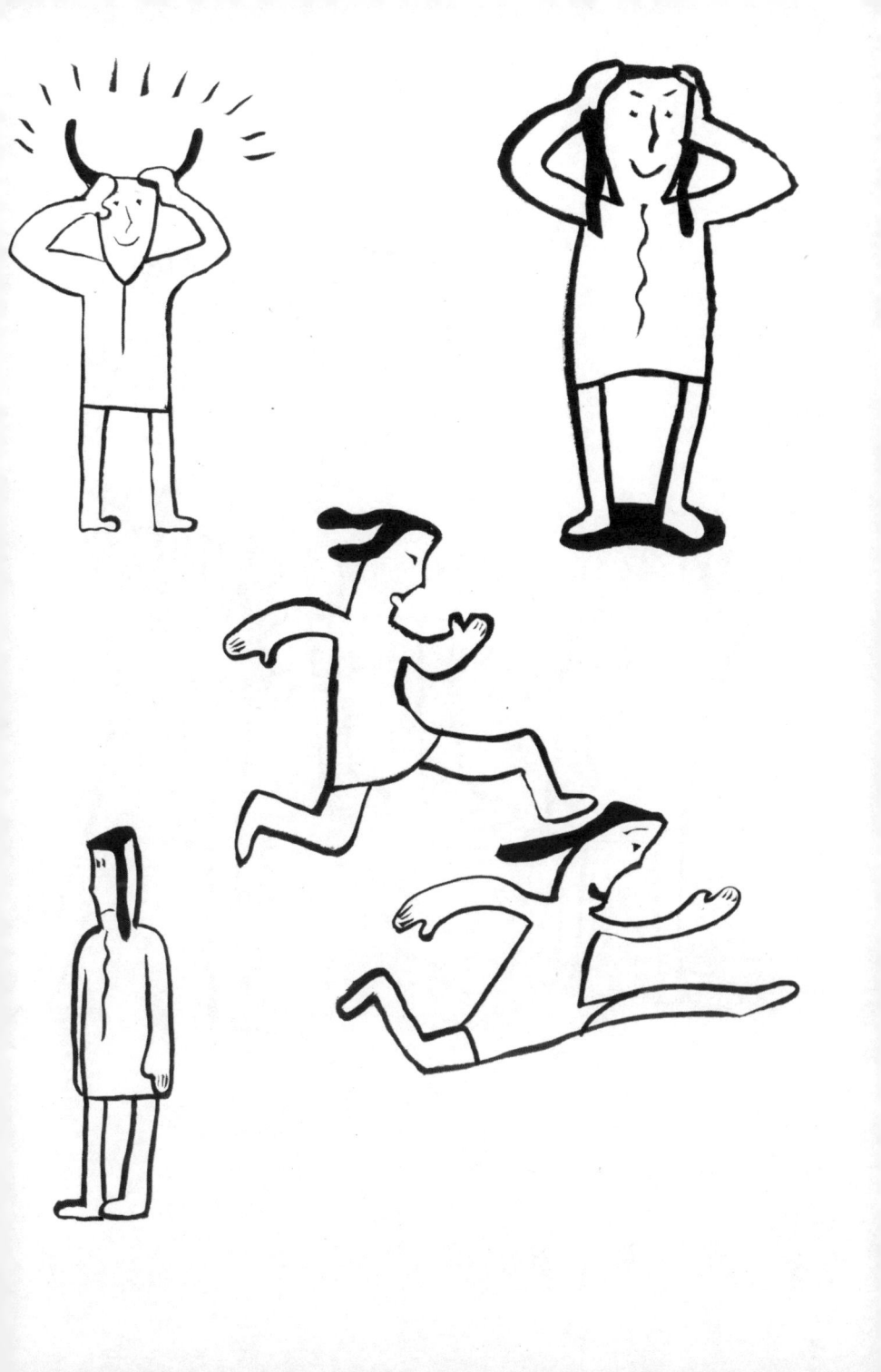

Defensa NUNCA VISTAS + MAL Posicionado

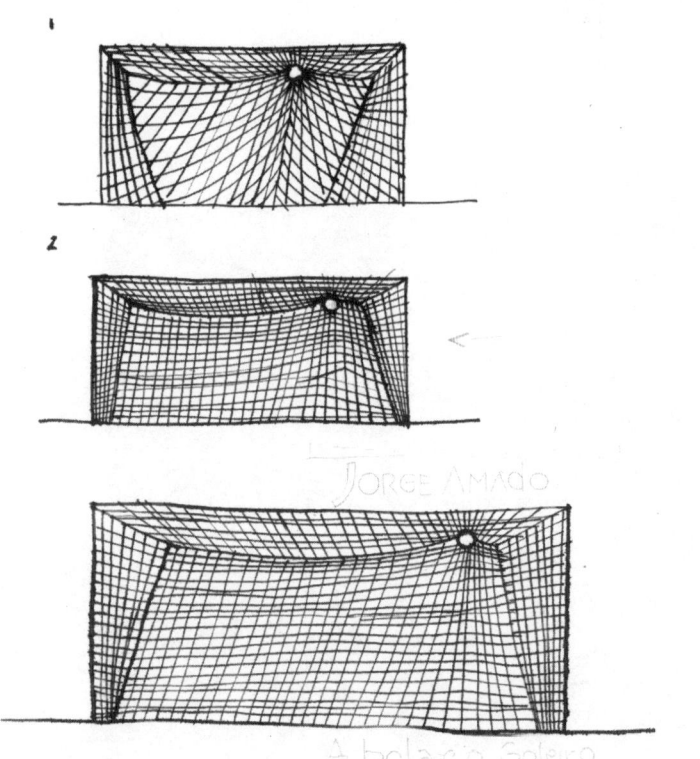

JORGE AMADO

A bola e o Goleiro

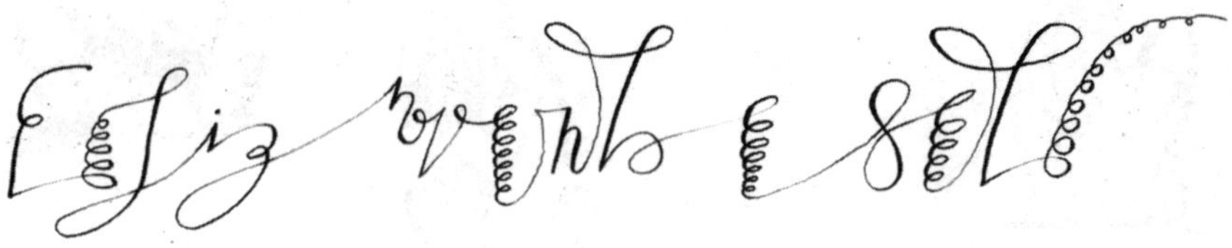

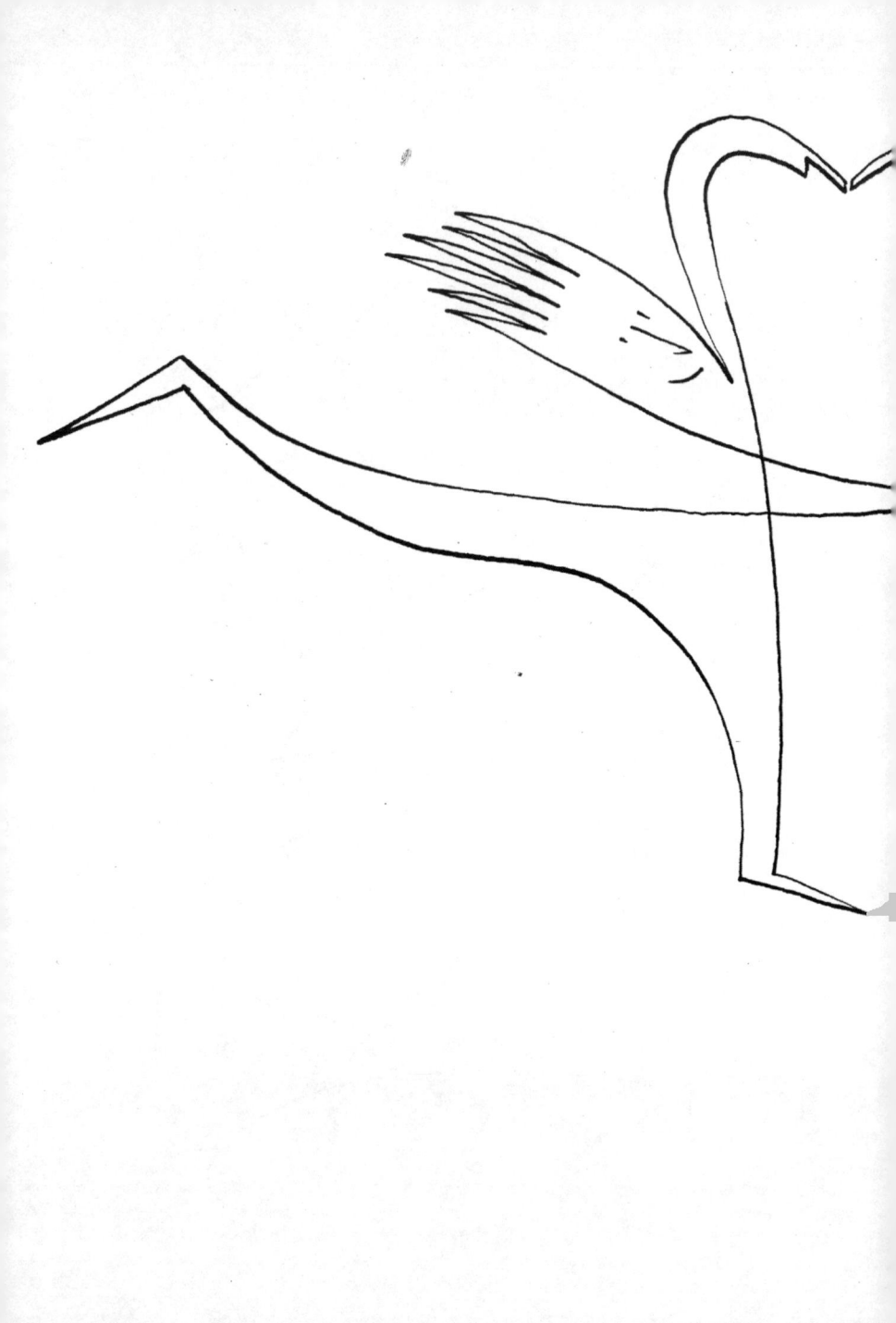

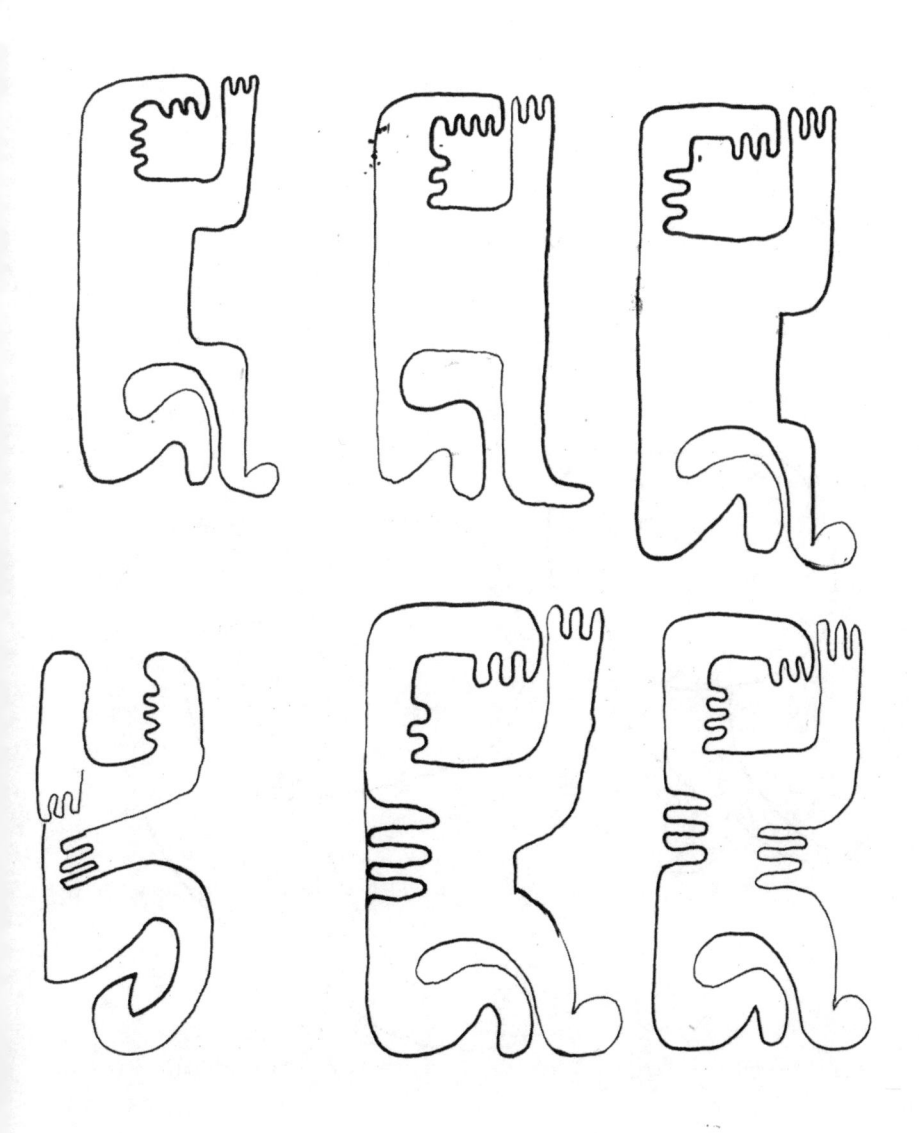

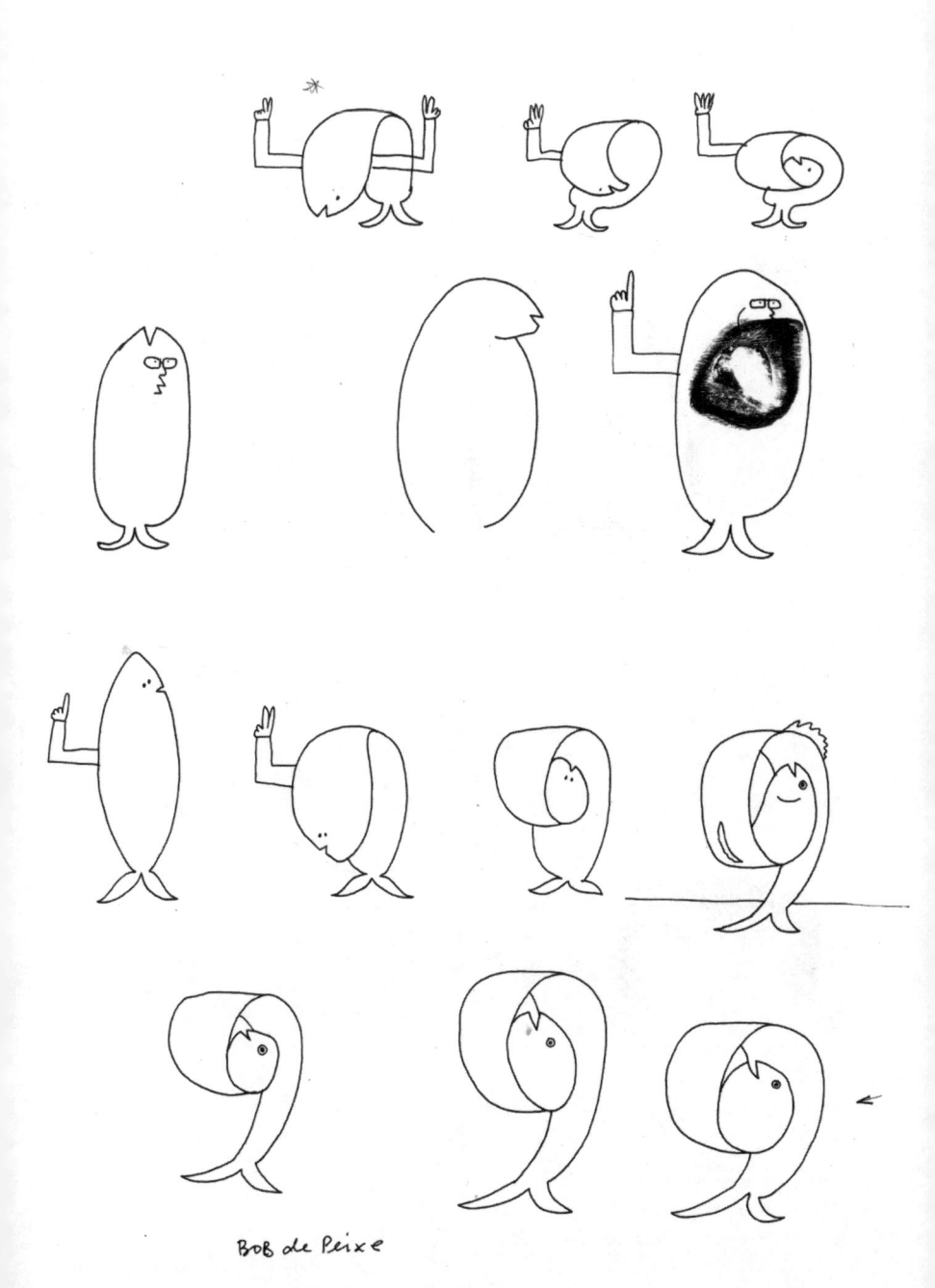

BoB de Peixe

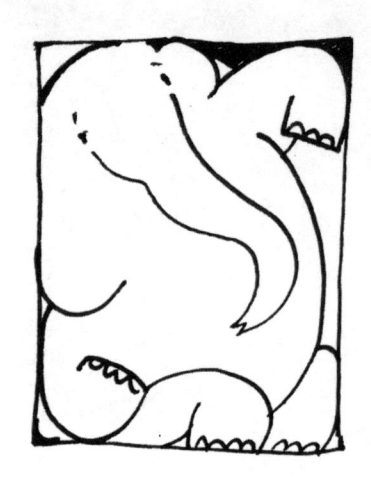

ABCDEFGH OPQRST

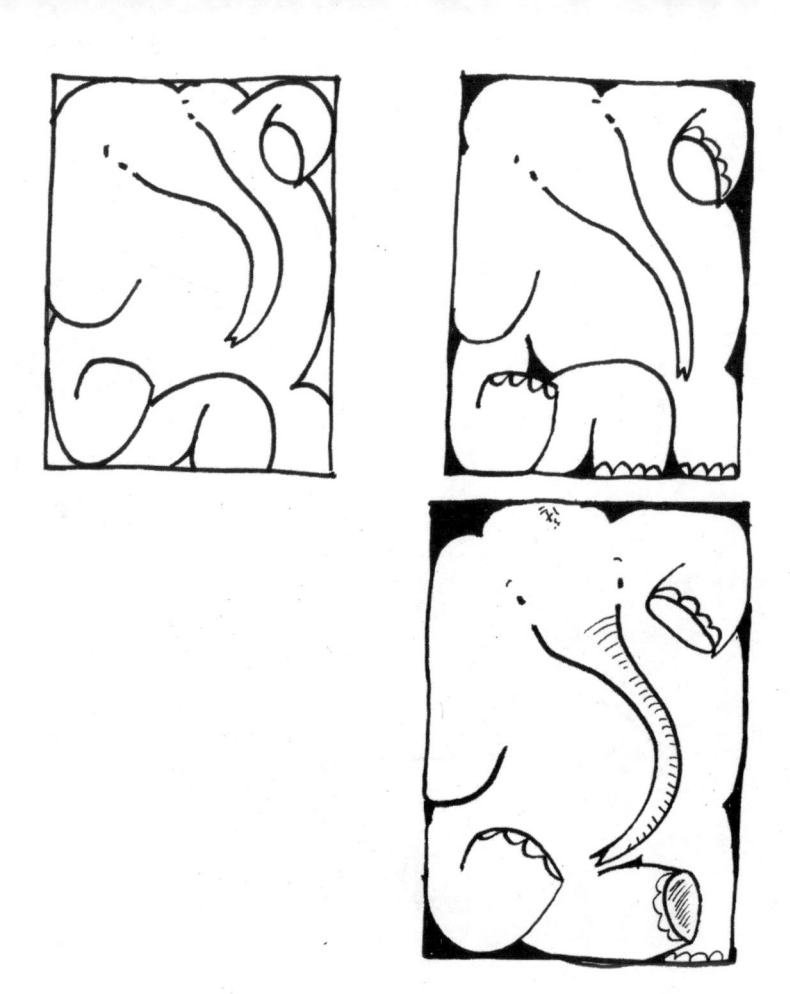

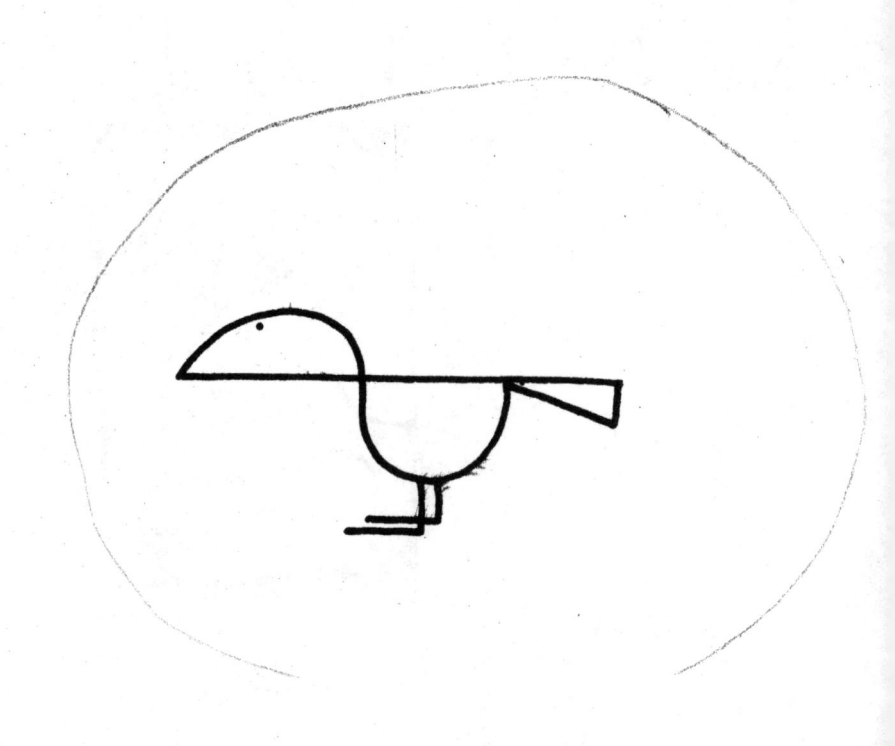

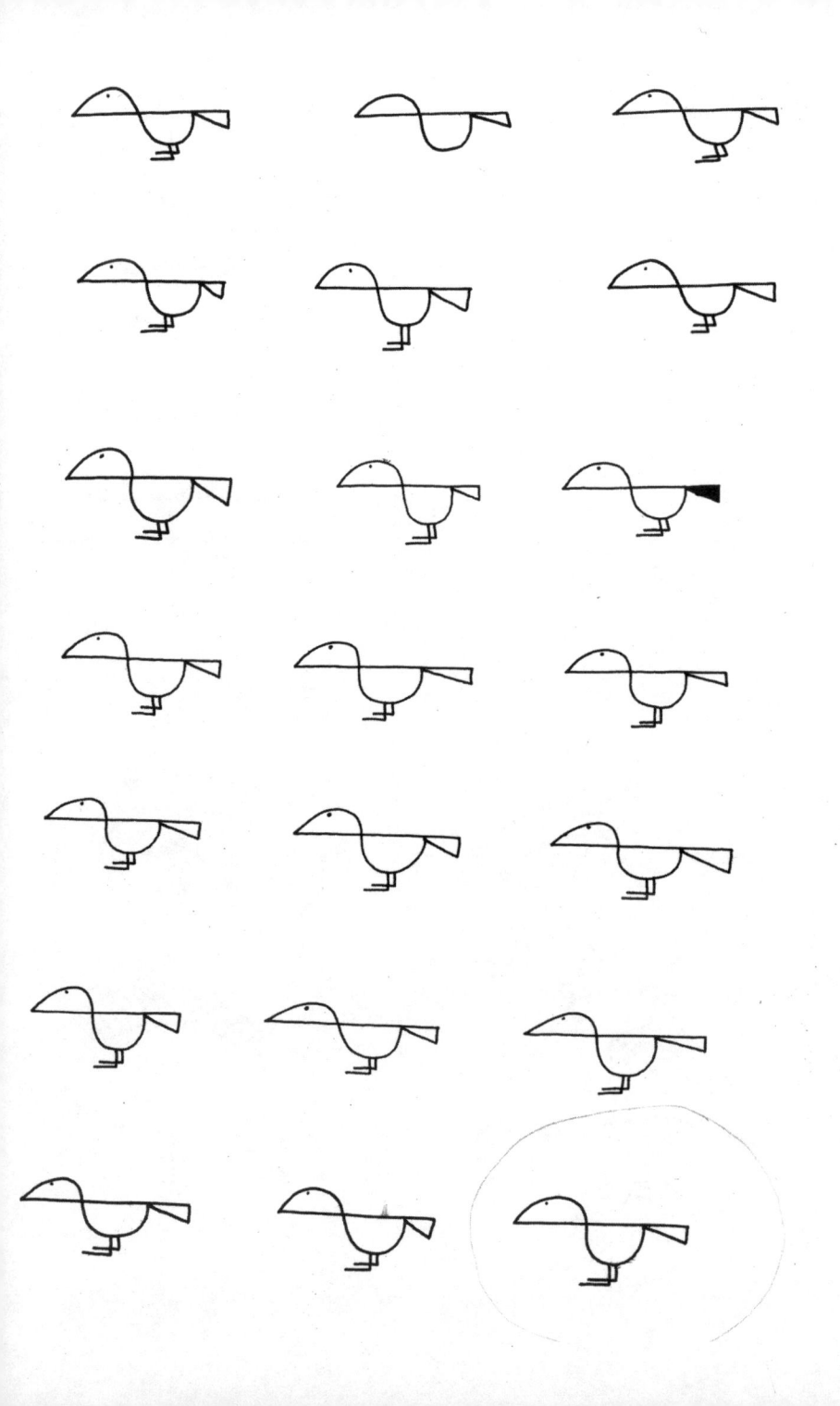

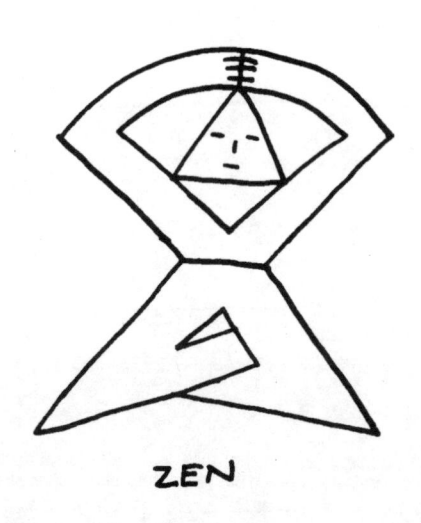

ZEN

BAILARINA

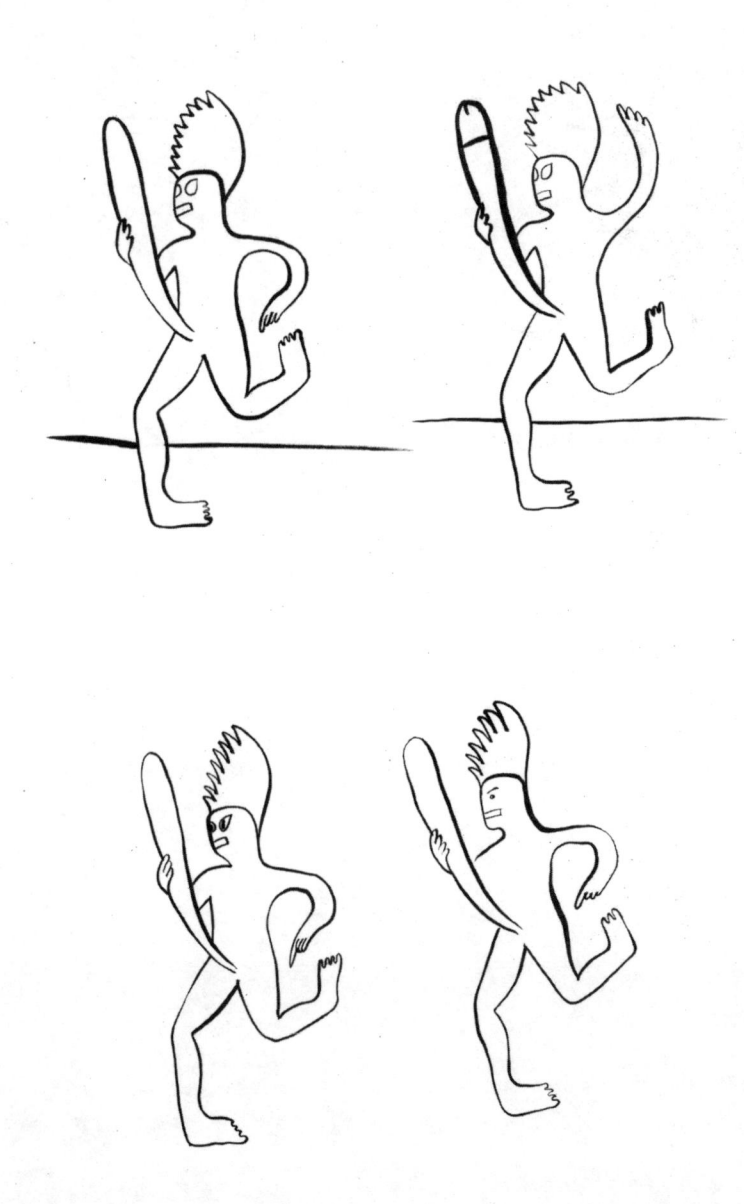

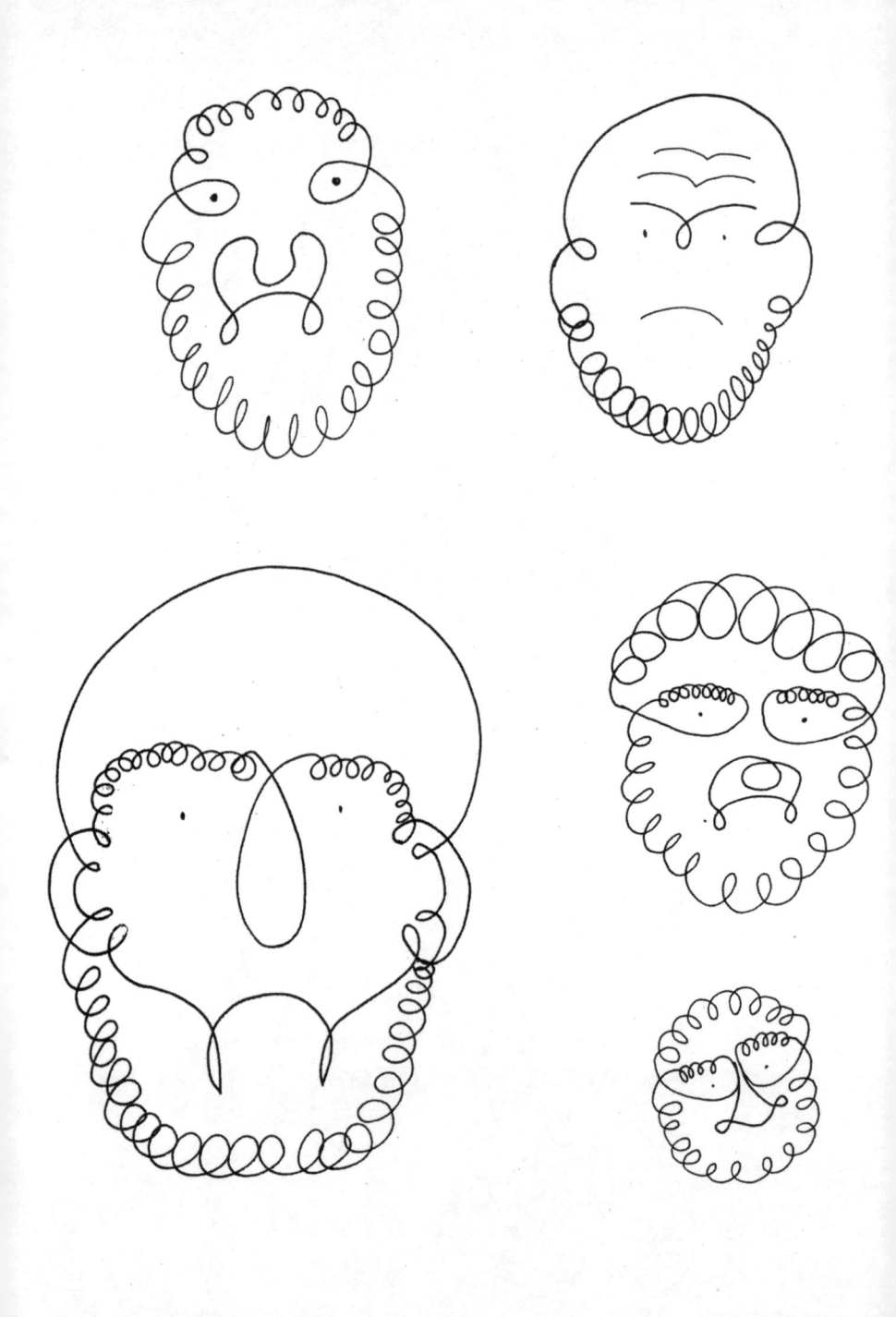

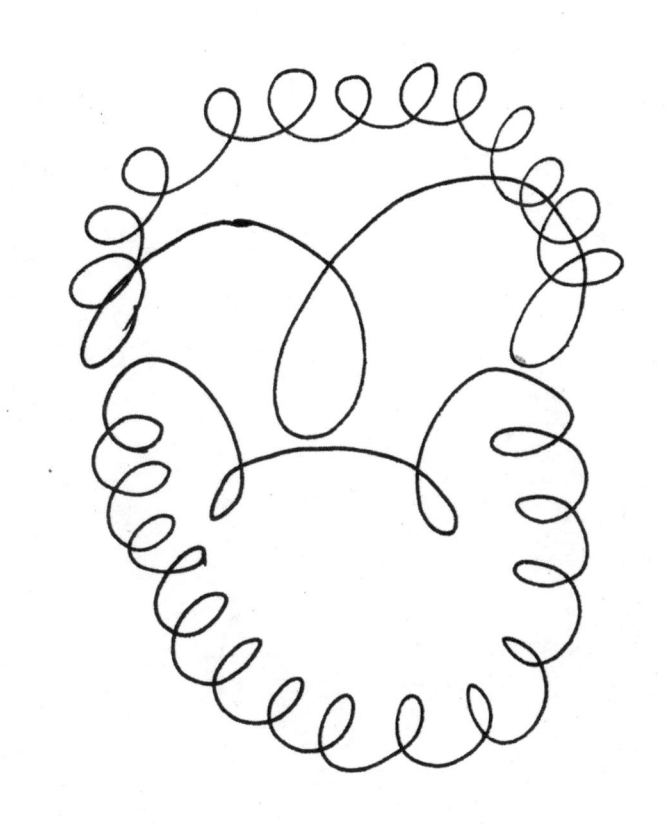

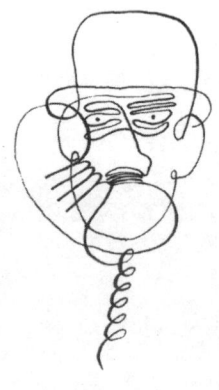

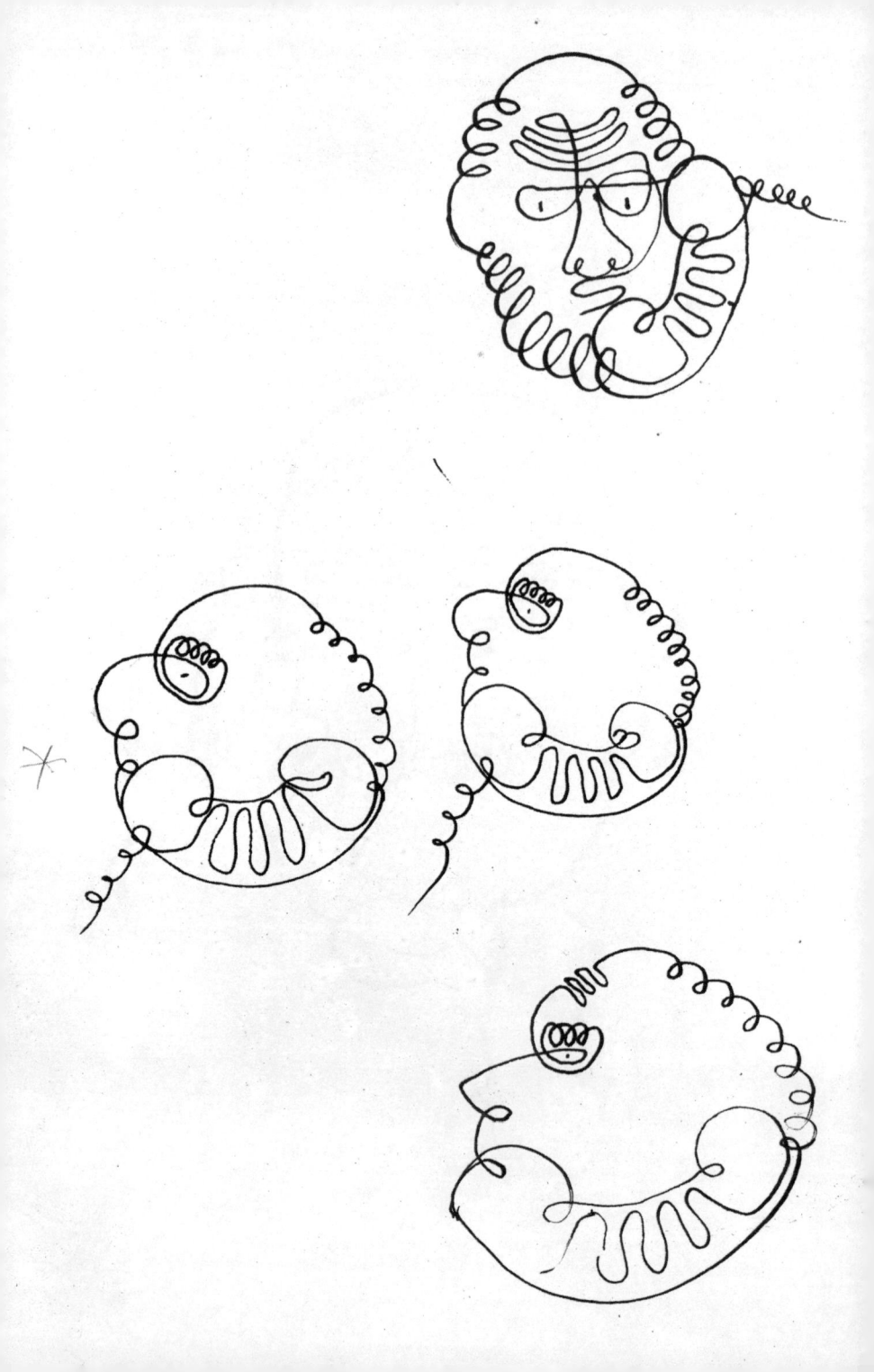

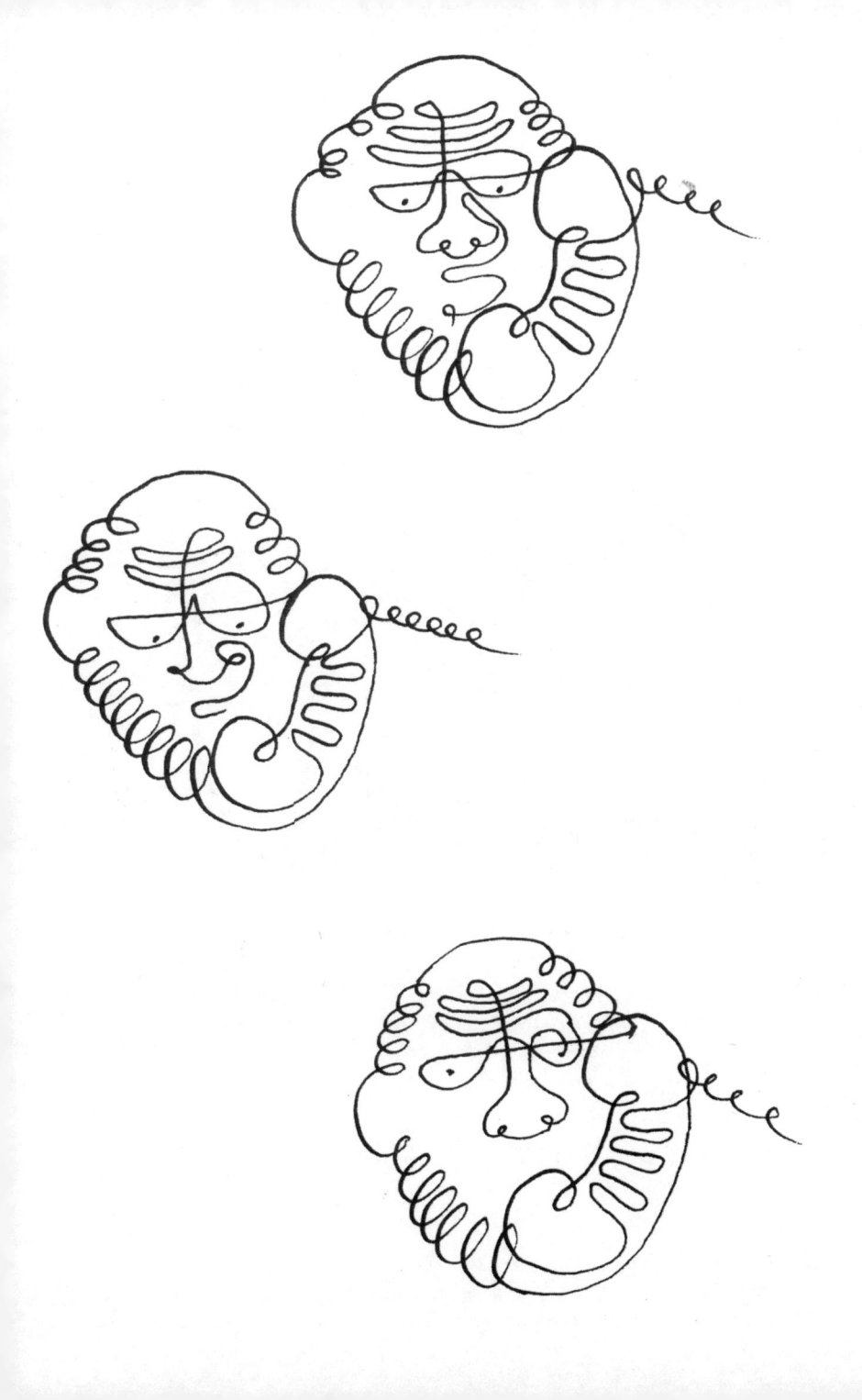

Sem Vergonha

nha

Sem gonha

Sem Vergoha

Sem Vergonha